dtv
premium

Literatur.digital

Formen und Wege einer neuen Literatur

Herausgegeben von
Roberto Simanowski

Deutscher Taschenbuch Verlag

Originalausgabe
Mai 2002

www.dtv.de
Umschlagkonzept: Balk & Brumshagen
Umschlagfoto: © Stone/Erik Dreyer
Gesetzt aus der Aldus 10,5/12,25˙ (Quark XPress)
Gesamtherstellung: Kösel, Kempten
Gedruckt auf säurefreiem, chlorfrei gebleichtem Papier
Printed in Germany · ISBN 3-423-24302-3

Literatur.digital
Formen und Wege einer neuen Literatur

Vorwort

Als der dtv und T-Online im Frühjahr 2001 einen Wettbewerb für digitale Literatur ausriefen, mögen sich manche gefragt haben, was um alles in der Welt digitale Literatur ist. Geschichten und Gedichte, die am Computer geschrieben wurden? Texte im Internet? Hyperfiction? Multimedia?

Die Veranstalter des Wettbewerbs waren sich der ungeklärten Fragen und der mit dem Unternehmen verbundenen Risiken durchaus bewusst. Sie ließen sich davon nicht abhalten und hatten jeweils ihre eigenen Gründe. T-Online als Vertreter des neuen Mediums gab dem Wettbewerb online Platz und technische Betreuung und rief seinem Publikum somit in Erinnerung, dass es im Internet neben Chat und Kommerz auch ästhetische Projekte wie dieses gibt. Der Verlag als Vertreter des alten, nun: älteren Mediums hatte seine Berührungsängste abgelegt, um sein Publikum mit einer Literatur bekannt zu machen, die nicht mehr zwischen zwei Buchdeckel passt. dtv, so Verleger Wolfgang Balk, »sieht es als seine wesentliche Aufgabe an, die Literatur von der Frühzeit bis in die unmittelbare Gegenwart jenseits des Bestsellergeschäfts in ihrer ganzen Bandbreite vorzustellen und zugänglich zu machen. In diesem Sinne engagieren wir uns für die sich neu entwickelnden literarischen Formen im Internet, für die wir durch diesen Preis auch eine größere Öffentlichkeit interessieren wollen.«

Der Versuch, diesen Wettbewerb mit einen Buch zu dokumentieren, verfolgt ein anderes Ziel als die Buchproduktionen, mit denen frühere Netzprojekte – Rainald Goetz' Tagebuch *Abfall für alle* sowie die Web-Anthologien *NULL* und *Am Pool* – eine Heimat im Printbereich erhielten, Projekte, die der Logik des Buches entstammten und im Grunde auch von Anfang an ins

Buch »zurück« wollten. Bei dem hier vorgelegten Buch dient das traditionelle Medium nur als Schutzumschlag für die beigelegte CD-ROM. Und zwar nicht allein im physischen Sinne, sondern auch im aufklärerischen; denn den auf der CD-ROM platzierten, in die engere Wahl gelangten 20 Beiträgen sollten einleitende Worte wie einführende Artikel mit auf den Weg gegeben werden, die die Einordnung und das Verständnis erleichtern. Es war Eile geboten, als der Plan zum Doppelprojekt gefasst war und, was die CD-ROM betraf, umgehend realisiert werden konnte. Die am Buch beteiligten Autoren hatten sich mit den verschiedenen Facetten des Themas allerdings seit langem beschäftigt, und so lagen binnen zweier Monate die Artikel vor.

Die Begriffe und Ansichten, mit denen die Veranstalter an den Wettbewerb gingen, verdeutlicht zunächst das Essay zum Wettbewerb »Digitale Literatur?«, das auf der Website des Wettbewerbs auch den Teilnehmern zur Verfügung stand. Diemut Roether beleuchtet im Anschluss die Tendenzen, die sich auf dem Literaturmarkt für Autoren, Verlag, Bucheinzel- und Zwischenbuchhandel abzeichnen, wobei von Print on Demand und Browse-and-mouse-Büchern ebenso die Rede ist wie von der Geschenkökonomie, der Selbst-Kannibalisierung und dem unausgeschlafenen Verhältnis mancher Verlage zu den neuen Medien. Christine Böhler beschreibt das Cultural Jamming und Mediahacking digitaler Robin Hoods; ästhetische Phänomene also, die unmittelbar aus dem Netz entstehen und schon weit über das hinausgehen, worauf dieser Wettbewerb zielte. Der Beitrag »Geburt und Entwicklung der digitalen Literatur« rekonstruiert die Geschichte der Autoren, Förderer und Beobachter digitaler Literatur mit einem Blick auch auf die amerikanischen Vorläufer und auf das nicht immer klar zu trennende Nachbarphänomen der digitalen Kunst. Jürgen Daibers Artikel »Zum (noch) ungeordneten Verhältnis von digitaler Literatur und Literaturwissenschaft« gibt einige klärende Anmerkungen über die Voraussetzungen und Sackgassen digitaler Ästhetik und verrät, was die digitale Literatur von der Emblematik des Barock lernen kann. Das

Interview mit Peter Schlobinski diskutiert die Folgen dieses Phänomens für die Behandlung in den Schulen, Georg Christoph Tholen beschreibt die Eckpunkte aktueller Medientheorie und ihrer Praxis an der Universität Basel. Das Interview mit Mark Amerika spiegelt die Erfahrungen eines Netz-Künstlers, der als Professor an einer amerikanischen Universität dem neuen Thema Einzug ins Curriculum zu verschaffen sucht. Richard Karpen schließlich legt Ziel und Arbeitsweise des unter seiner Leitung gerade gegründeten Center for Digital Arts and Experimental Media an der University of Washington dar. Die im dritten Teil versammelten Kurzbesprechungen mögen den Lesern einen ersten Eindruck von den 20 Wettbewerbsbeiträgen der Vorauswahl geben und die Begegnung mit dem ungewohnten Material erleichtern.

Dass dem Wettbewerb dieses Buch folgen kann und dass der Wettbewerb in den nächsten Jahren wiederholt werden wird, spricht für die Zufriedenheit der Veranstalter mit dem Ergebnis von 2001. Dies heißt nicht, dass man der Meinung ist, dem berühmten »großen Wurf«, der dem neuen Medium endlich kanonische Weihen bringen würde, schon begegnet zu sein. Eher war man überrascht vom breiten Spektrum ästhetischer Experimente, das die eingesandten Beiträge erkennen ließen. Es ist denkbar, dass die Ansätze, dem neuen Medium neue ästhetische Ausdrucksformen abzugewinnen, in einer verbesserten Produktionssituation auch reifere Früchte tragen. Zu einer solchen verbesserten Produktionssituation gehört zum einen die Gewissheit künftiger Wettbewerbe, die eine gelassenere Planung und Durchführung der jeweiligen Projekte ermöglicht. Und es gehört die Aussicht auf ein Publikum dazu, das aufmerksam und kritisch genug ist, um Ansporn für die künstlerische Arbeit zu sein. Diese und weitere geplante Publikationen sowie die Wiederholung des Wettbewerbs in den nächsten Jahren stellen den Versuch dar, den neuen Autoren und Autorinnen einen solchen Hintergrund zu schaffen. So darf man gespannt sein, was die Zukunft der digitalen Literatur bringen wird.

I. DAS NEUE LITERARISCHE FELD

1. Roberto Simanowski: Digitale Literatur? Das Essay zum Wettbewerb

Worauf um alles in der Welt zielt ein Wettbewerb für digitale Literatur? Geschichten und Gedichte, die am COMPUTER geschrieben wurden? HYPERTEXTE? MULTIMEDIA? MITSCHREIBPROJEKTE? Aber warum heißt es eigentlich nicht NETZLITERATUR? Und inwiefern handelt es sich überhaupt noch um Literatur, wenn das Wort doch immer mehr dem BILD weicht! Warum nicht einfach NETZKUNST? Oder INTERFICTIONS?

Vor diesen und ähnlichen Fragen stand bisher jeder WETTBEWERB. Nicht immer hat die AUSSCHREIBUNG den nötigen Aufschluss gegeben. Aber selbst wenn der eigentliche Gegenstand geklärt ist: Es bleibt die Frage, woran man die SIEGER erkennt. Nach welchen KRITERIEN soll hier die Kritik erfolgen? Was sagen die PROFESSOREN dazu?

Fragen über Fragen – die Antworten liegen im Labyrinth der Statements und in den Weiten des Netzes. Geduld findet.[1]

[1] In der digitalen Version (www.dichtung-digital.com/2001/Simanowski-31-Maerz) dieses Essays waren die Antworten auf die hier in Großbuchstaben gesetzten Wörter der Eingangspassage gelinkt. In der Druckfassung werden die zu den Stichwörtern verlinkten Texte leicht überarbeitet linear in der Reihenfolge dieser Stichworte wiedergegeben. Für eine ausführlichere Einführung vgl. Simanowski 2002, für Fallanalysen und Interviews vgl. *dichtung-digital*. Kursiv gesetzte Publikationen, Veranstaltungen, Websites sind in der Bibliografie aufgeführt.

COMPUTER

Ohne Frage: Der Computer verändert unsere Schriftkultur. Das Copy-und-Paste-Verfahren ermöglicht eine ganz andere Textproduktion, als das weiße Blatt Papier auf der Tischplatte oder in der Schreibmaschine verlangt. Die problemlose Korrektur, Umstellung und Vervielfältigung von Textsegmenten verführt zum spontanen Schreiben noch vor der Konzeption, was den auf diese Weise entstandenen Texten schließlich an Duktus und Gesamtentwurf abzulesen sein mag. Dass selbst der Bildschirmrahmen – als Begrenzung der Übersicht des Ganzen – Länge und orthografische Richtigkeit der Texte beeinflusst, haben Untersuchungen immer wieder einmal gezeigt.

Wenn der Text dann nicht im Druck, sondern im Internet erscheint, ändert sich auch das Verhältnis der Leser zum Text. Das Geschriebene ist beweglich, flüchtig, fern vom Konzept der Kontemplation und Verlässlichkeit. Es kann – anders als beim Buch – jederzeit wieder geändert, verschoben oder aus dem Netz genommen werden. Ohne Frage, Texte im Netz sind anders als gedruckte Texte.

Aber das ist es noch nicht, worum es hier geht. Sonst wären zum Wettbewerb auch Schreibmaschinen mit Speicherfunktion zugelassen. Nein, die Texte müssen sich schon mehr auf die Möglichkeiten des digitalen Mediums einlassen. Alles, was gedruckt werden kann, ist im Buch besser aufgehoben – und dafür gibt es eigene Wettbewerbe. Ansonsten wäre es ja wie »Hörspiele am Handy«, wie es Christian Benne 1998 in der *ZEIT* recht flott, aber doch ohne Sachkenntnis formuliert: »Lesen im Internet ist wie Musikhören übers Telefon. Während es aber gewiss niemandem einfiele, Telemann mit der Telekom ins Haus zu holen, haben sich viele Menschen von der Vorstellung einer Literatur im Internet beeindrucken lassen. Literatur im Netz ist eine Totgeburt. Sie scheitert schon als Idee, weil ihr Widersinn womöglich nur noch von Hörspielen aus dem Handy übertroffen wird.« (37/1998)

Immerhin lernt man daraus, dass man nicht den *Wilhelm*

Meister am Computerschirm lesen soll. Und das muss durchaus mal gesagt werden, denn manche E-Books bieten tatsächlich nicht mehr als genau dies an.

HYPERTEXT

Der Hypertext ist gewissermaßen der Vater der digitalen Literatur. Ihn gab es schon vor dem Netz, das ja im Grunde selbst nur ein Mega-Hypertext ist. Beim Hypertext-Verlag Eastgate System erschien schon 1990 *Afternoon. A Story* von Michael Joyce auf Diskette – der »granddaddy of hyperfiction«, wie Robert Coover in der *New York Times* schrieb. Und was genau ist ein Hypertext?

Theodor Holm Nelson, der den Begriff schon in den 60ern erfand, nannte es in seinem Buch *Literary Machines*: »non-sequential writing – text that branches and allows choices to the reader«. Rainer Kuhlen sagte es 1991 deutsch: »Hypertext ist ein Medium der nicht-linearen Organisation von Informationseinheiten.« Nelson sagte aber auch: »Hypertext is the generic term for any text, which cannot be printed.« Und da beginnt das Problem. Nichtlinearität ist auch auf Papier möglich.

Das zeigt schon Raymond Queneaus berühmtes Sonettenkarussel *Cent mille milliards de poèmes* von 1961: Zehn Sonette auf zehn gestärkten Blättern, die sich jeweils nochmals in die Vers-Teile des Sonetts aufteilen, so dass diese einzeln umgeblättert und dadurch mit jedem Vers der anderen neun Sonette kombiniert werden können. Macht: Hunderttausend Milliarden Gedichte. Und es gibt weitere Beispiele der kombinatorischen Dichtung, die bis in die Antike zurückreichen. Viele kann man auf Florian Cramers Website *Permutationen* ausprobieren.

Aber es stimmt schon: Im Printbereich sind das eher die Ausnahmen, meistens gibt es eine klare Ordnung des Textes und die Seitenzahlen helfen zusätzlich, dass man immer weiß, wo man ist. In den digitalen Medien und vor allem im Internet ist dagegen die netzartige Anordnung der Textsegmente und damit die Alternative der Navigation üblich. Macht man daraus Literatur, heißt dies Hyperfiction. Wie aber produziert man einen spannenden Text, wenn man gar nicht weiß, welchen Weg der Leser einschlägt!

MULTIMEDIA

Hypertext + Images = Hypermedia = Multimedia? Die Begriffe werden oft gleichgesetzt und oft durcheinander gebracht. Richtig ist der erste Teil der Rechnung. Das »Hyper« steht dabei nicht für »viele Medien«, sondern, wie bei Hypertext, für die »nonlineare Struktur« – »viele Medien« impliziert ja schon das »a« am Ende.

Multimedia zielt auf die mediale Mehrsprachigkeit der Präsentation: Text, Bild, Ton, Film. Vorsicht aber: Der Begriff wird auch für audiovisuelle Diavorträge benutzt. Wird er mit Blick auf die digitalen Medien eingesetzt, bezeichnet er das additive Nebeneinander der Medien im Gegensatz zu ihrer integrativen Verlinkung, für die Hypermedia steht.

Für die Integration bzw. Fusion der Medien, egal ob linear oder hyperstrukturell, gibt es noch einen Begriff: Intermedia. Den gab es übrigens schon in den 60er Jahren, als Dick Higgins eine Poetik der Intermedialität entwickelte.

Die Diskussion der Begriffe ist noch nicht beendet. Im Volksmund scheint sich Multimedia durchzusetzen – vielleicht, weil alle schon mal einen Diavortrag, aber nicht alle schon das Internet erlebt haben. Jedenfalls hatte es Multimedia schon 1995 zum »Wort des Jahres« geschafft.

MITSCHREIBPROJEKTE

Kunst und Demokratie: Seit Existenz der elektronischen Medien gibt es die Hoffnung, dass sie die Asymmetrie von Produzent und Rezipient beseitigen und das Publikum zu Akteuren machen. Brecht hoffte mit Blick aufs Radio, dass jeder Zugang zum Mikrofon hat, Benjamin versprach sich viel von der kollektiven Rezeptionssituation im Kino. Enzensberger hoffte später auf Fernseher, Video und Xerox-Kopierer. Was wurde draus? Leute dürfen im Radio anrufen und Quizaufgaben lösen, durch die

Fernbedienung ist man unabhängiger von den Programmgestaltern. Und Video? Video hat den Urlaubsfilmer hervorgebracht.

Als der Hypertext populär wurde, gab es wieder Utopien von der Überwindung der Konsumentenmentalität. Hypertext, hieß es, macht den Leser zum Autor, denn er muss den Text ja erst zusammenstellen, kann ihn nicht passiv genießen wie etwa ein Buch. Dass das Lesen linearer Texte keine passive Angelegenheit ist, ließ sich schnell klarstellen, auch dass die »Koautorschaft« beim Hypertext sich sehr in vorprogrammierten Bahnen bewegt, ließ sich schließlich vermitteln. Die Mediengeschichte also als Kontinuum unerfüllter Versprechen?

Es trat auf: das Internet. Und mit ihm entstand etwas, das es trotz einiger Vorläufer bei den Surrealisten – Stichwort écriture automatique – und auf privaten Partys – jeder schreibe die nächsten zwei Sätze der Geschichte und decke einen ab – so in der Mediengeschichte noch nicht gegeben hatte. Menschen, die sich nie begegnet waren, Menschen an verschiedenen Orten der Welt kamen zusammen und schrieben gemeinsam Geschichten. War das Internet also das gelobte Massenmedium, das in beide Richtungen gleich viel Informationen übertrug? Nun hatte in der Tat jeder Zugang zum Mikrofon – und brauchte dazu nicht einmal eine Website.

Und rasch erkannte man das Dilemma zwischen Demokratie und Ästhetik. Sollte wirklich jeder Zugang zum Mikro haben! Jan Ulrich Hasecke, der mit seinem Mitschreibprojekt *Das Generationenprojekt* die Geschichte aus der Perspektive des kleinen Mannes erinnern lässt, hat es einmal mit Blick auf Alvar Freudes und Dragan Espenschieds *Assoziations-Blaster,* einem sehr populären Schreibprojekt, bemerkt: »Wenn der Inhalt banal ist, und er ist es manchmal, dann ist dies eine notwendige Banalität, weil sie die Banalitäten des Netzes aufgreift.« Die zur Auswahl stehenden Parameter heißen Authentizität und Literarizität. Dokumentarismus sichert freilich keine Qualität, und so wird Literatur hier mehr zu einem Gegenstand für Soziologen. Nicht ganz.

Denn Mitschreibprojekt ist nicht gleich Mitschreibprojekt.

Das gemeinsame Schreiben kann in ganz verschiedenen »Settings« erfolgen, mit ganz unterschiedlichen Rollen für Software und Projektmanager. Ich sehe drei Hauptgruppen:

1. Die Autoren schreiben sukzessive an einer linearen Geschichte – so etwa *Beim Bäcker* oder *Fraktalroman*.
2. Die Autoren schreiben an verschiedenen Zweigen einer multilinearen Geschichte – so in *Die Säulen von Llacaan*.
3. Die Autoren steuern ihre Beiträge einer Textsammlung bei, die diese mehr oder weniger voneinander unabhängigen Beiträge durch das spezifische Stichwort der Sammlung miteinander verbindet und mitunter auch Links zwischen ihnen erstellt – so in *23:40* oder *Assoziations-Blaster*.

In Gruppe 3, wo es nicht um die Erstellung *einer* Geschichte geht, kann man die ausgeklügeltsten Settings finden, die das Projekt mitunter zu einer Spielform konzeptioneller Kunst machen. In diesem Falle schiebt sich denn die tragende Idee des Ganzen leicht vor dessen Einzelbeiträge – und entschädigt für deren gelegentliche Qualitätsmängel. Der Ruhm geht natürlich an den Initiator. Die Soziologen loben sein Engagement (aber das tun sie auch, wenn das Konzept simpel oder langweilig ist), die Kunstkritiker loben seine tiefsinnige Idee. Wie z.B. *23:40*, wo die schriftliche Kommunikation paradoxerweise wieder zu den Bedingungen der mündlichen erfolgt. Durch einen simplen Refresh-Befehl. Da ahnt man: Was als Netz*literatur* nicht überzeugt, hat so noch eine zweite Chance als Netz*kunst*.

NETZLITERATUR

Aber warum heißt es eigentlich digitale Literatur und nicht Netzliteratur? Weil es dann mit dem Netz zu tun haben müsste. Das ist genau genommen jedoch nur bei den Mitschreibprojekten der Fall. Hypertext und Multi-, Hyper-, Intermedia funktioniert auch auf CD-ROM oder in einem anderen digitalen Medium. Wenn man alle drei Gruppen einschließen will, nimmt man besser »digitale Literatur« als Dachbegriff. Diese ist dann dadurch gekennzeichnet, dass sie des digitalen Mediums als Produktions-

und/oder Rezeptionsgrundlage bedarf. Damit fliegt alles raus, was das digitale Medium nur als Distributionsmittel nutzt und ansonsten auch auf Papier stehen könnte. Was aber sind die spezifischen Merkmale digitaler Medien? Im Wesentlichen drei Dinge: Interaktivität, Intermedialität und Inszenierung.

Mit Interaktivität ist die Teilhabe des Rezipienten an der Konstruktion des Werkes gemeint, was in Reaktion auf Eigenschaften des Werkes (programmierte Interaktivität: Mensch-Software) oder in Reaktion auf Handlungen anderer Rezipienten (netzgebundene Interaktivität: Mensch-Mensch via Software) erfolgen kann. Beispiel für Ersteres sind natürlich die Hypertexte, die auf den Klick der Leser warten. Oder auch andere kombinatorische Werke wie etwa Dirk Günters und Frank Klötgens preisgekrönte *Aaleskorte der Ölig*, wo der Leser vorher den Ablauf des »Films« zusammenstellen muss. Beispiel für Letzteres sind die Mitschreibprojekte, wobei in Gruppe 3 zwischen den Beiträgern mitunter keine ausgesprochene Interaktion stattfindet.

Mit Intermedialität ist die Allianz zwischen den traditionellen Medien gemeint, also Text-Bild-Ton-Konstellationen, die tendenziell auf eine neue Art Gesamtkunstwerk hinsteuern. Natürlich zielt der Begriff Intermedialität im digitalen Bereich gerade in Verbindung mit Interaktivität und Inszenierung auf andere Formen als die Text-Grafik-Verbindung im Printbereich oder die audiovisuelle Diashow. Deswegen heißt es hier auch Inter- und nicht Multimedialität.

Inszenierung steht für die Programmierung einer werkimmanenten bzw. rezeptionsabhängigen Performance: Dem digitalen Werk können auf seinen unsichtbaren Textebenen (HTML-Quellcode bzw. die Befehle, die z. B. einer Bild- oder Tondatei eingeschrieben werden) Aspekte der Aufführung eingeschrieben werden, so dass die Worte und Bilder ihren »Auftritt« haben, dessen Stichwort vom Programm oder vom Rezipienten ausgeht. Z. B.: Ausführung einer Aktion beim Laden der Site oder Austausch der Site gegen eine andere nach einer bestimmten

Zeit – das »automatische Umblättern« bzw. die »Verfilmung« des Textes. Beispiel für die vom Rezipienten ausgelöste Aktion ist Urs Schreibers *Epos der Maschine,* wo auf den Input des Lesers die Wörter als »Teleskopsätze« erscheinen. Oder Lance Shields' faszinierendes *Tele-phony,* wo der Lärm beginnt, wenn man mit der Mause über das Bild fährt. Diese Inputs unterscheiden sich freilich von der Interaktivität beim Hypertext-Klick, denn hier geht es faktisch nicht um die persönliche Zusammenstellung des Werkes, sondern um die Auslösung seiner Präsentation.

BILD

Und inwiefern handelt es sich überhaupt noch um Literatur, wenn das Wort doch immer mehr dem Bild weicht!

Seit der Ankunft des Fernsehens, ach, seit dem Kino gibt es eine lebhafte Debatte zur Visualisierung von Kommunikation und Wahrnehmung. Lange vor der Ankunft des World Wide Web, dessen Erfolg ja auf seiner multimedialen Komponente beruht, sprach Jochen Schulte-Sasse von einer »Dramaturgie des Spektakels«, die »kaum noch der Sprache vertraut, um ihre Ziele zu erreichen« (Sasse, 439).

Aber selbst Pioniere der neuen Medien wie Robert Coover beklagen die »Multimedialisierung« des Web. In seinem Abgesang auf das goldene Zeitalter der literarischen Hypertexte *Literary Hypertext. The Passing of the Golden Age* schreibt er Anfang 2000: »It tends to be a noisy, restless, opportunistic, superficial, e-commerce-driven, chaotic realm, dominated by hacks, pitchmen, and pretenders, in which the quiet voice of literature cannot easily be heard or, if heard by chance, attended to for more than a moment or two. Literature is meditative and the Net is riven by ceaseless hype and chatter. Literature has a shape, and the Net is shapeless.«

Es kommt noch schlimmer: »Hypertext is now used more to access hypermedia as enhancements for more or less linear narratives […] the reader is commonly obliged now to enter the media-rich but ineluctable flow as directed by the author:

In a sense, it's back to the movies again, that most passive and imperious of forms.« Da sind natürlich eine Menge Vorurteile drin:

1. Digitale Literatur müsse immer nicht-linear strukturiert sein (dazu siehe oben).
2. Der Autor müsse die Macht an den Leser abgeben. Diese Ansicht hat beiden nur geschadet. Der kluge Autor überlegt sich genau, in welche verschiedenen Richtungen er die Leser schicken will, und sorgt dafür, dass dort nicht einfach Unterholz ist, sondern gut angelegte Wege.
3. Bild und Ton, Animationen und technische Effekte seien wenig mehr als Spektakel und Klamauk. Die Versuchung ist freilich immer groß, einfach die technischen Muskeln spielen zu lassen. Oft begegnet man deswegen einer ambitionierten Präsentation des Bedeutungslosen, die an die Ornamentalisierung des Funktionalen erinnert, wie man es vom Kitsch her kennt. Aber das inhaltlich Einfache wird durch formale Extraqualitäten noch nicht geistreicher. »Im Kitscherleben ist ähnlich wie im Behagen die spezifische Distanz des Ästhetischen zugunsten eines Zustandsgefühls weitgehend unterdrückt«, resümierte Ludwig Giesz einst die Phänomenologie des Kitsches. Das Zustandsgefühl der multimedial aufgerüsteten digitalen Literatur wäre die *Gestimmtheit des Technischen.* Die Erscheinung des Effekts um seiner selbst willen.

Die Neuigkeit der Möglichkeiten bringt natürlicherweise eine Unsicherheit in ihrem Einsatz mit sich. Fehlt es auch noch an dem großen Wurf eines überzeugenden Werkes, so hat die Multimedialisierung inzwischen jedoch durchaus einige gelungene Beispiele hervorgebracht. Sie finden sich zumeist zwischen weniger gelungenen der gleichen Autoren, was nur noch einmal unterstreicht, wie sehr dieser Prozess einer des Experimentierens ist, bei dem Flopp und Top eng beieinander liegen: In Urs Schreibers schon genanntem *Epos der Maschine* gibt es gleich anfangs einen interessanten Versuch konkreter Poesie mit digitalen Mitteln. Lance Shields' *Tele-phony* ist ein gutes Beispiel für die oft (vielleicht schon zu oft) zu findende Metareflexion aufs eigene Medium. Ein schönes Beispiel gibt es auch in Jürgen Daibers und Jochen Metzgers Pegasus-Preisträger *Der Trost der Bilder,* wo das programmierte Verschwinden des Bildes einer Schaufensterpuppe die Fortsetzung der Geschichte mit wortlosen Mitteln ist. Solch witzige Einfälle mit tieferer Bedeutung sieht man gern. Da ahnt man doch, dass unter dem Spektakel der Oberfläche noch allerhand kommen kann.

NETZKUNST

Die Gattungsfrage ist eine der schwersten. Als es im Computer und im Netz noch keine Bilder gab, war es freilich einfach, das neue Phänomen »Literatur« zu nennen. Heute fragt man sich, warum das Wort im Begriff so akzentuiert werden soll, wo doch Bild und Ton sich immer breiter machen.

Man könnte das Problem mit einem Kunstgriff lösen. Man könnte sich darauf berufen, dass unter der Oberfläche ja sowieso alles alphanumerischer Code ist und selbst Bild und Ton als ›Text‹ vorliegen, bevor ein entsprechendes Programm sie sicht- und hörbar macht. Damit hätte man der Literatur die Herrschaft über die neuen Medien bis zum Jüngsten Tag gesichert. Die digitalen Medien wären uneinholbar als Textmedien installiert, die nur auf ihrer Oberfläche andere Sprachen als die des Textes zulassen.

Gerade auf die Oberfläche kommt es aber an. Die Algorithmen der Maschinensprache interessieren zumeist so wenig wie ein Sack voller Buchstaben, bevor jemand Worte daraus bildet. Wichtig sind die wahrnehmbaren Effekte des digitalen Codes auf dem Bildschirm. Und da sind für die Betrachtung eines Bildes nun einmal die Kriterien der Farbgebung und der Raumkomposition wichtiger als die der Dramaturgie oder der Figurenentwicklung. Womit freilich keineswegs dem unsichtbaren Text die Bedeutung für das Geschehen auf dem Bildschirm abgesprochen wird.

Soll man also, will man den Begriff digitale Literatur nicht über ein Textverständnis retten, das auf Unsichtbarkeit aufbaut, von Netz- bzw. digitaler *Kunst* sprechen?

So wie der Begriff Kunst und speziell der Begriff Netzkunst bzw. digital art heute benutzt wird – prominenter Auskunftgeber ist freilich das ZKM –, würde man dadurch die bildende bzw. die visuelle Kunst akzentuieren und nun wiederum die Literatur ausschließen. Der Kunstbegriff besitzt nicht mehr jene terminologische Gemeinschaftlichkeit der Kunstgattungen wie einst in Sulzers *Theorie der Schönen Künste* oder auch noch in Kants und Hegels Ästhetiken. Vielleicht muss man ins 18. Jahrhundert zurück, vielleicht aber auch bis ins Mittelalter, als der Kunstbegriff die *artes mechanicae* noch einschloss. Denn die Programmierung der Software ist schließlich ein wichtiger Teil des Ganzen. Und das Panel »Artistic Software« der letzten Transmediale 01 diskutierte ja schon eifrig, ob nicht der Programmierer – und nicht der Ideengeber – der eigentliche Künstler sei (denn was ist das schon für ein Künstler, der sein Material nicht beherrscht).

Da der Kunstbegriff also nur neue Missverständnisse mit sich bringt, ist man anders besser beraten.

INTERFICTIONS

»Interfictions« bewahrt vor den Missverständlichkeiten sowohl von Literatur wie Kunst. »Fiction« grenzt zunächst ab von Nicht-Fiktionalem und kommt damit der gesuchten Unterscheidung zwischen Kunst und dem, was nicht Kunst ist, am nächsten, ohne dass der problematische Begriff Netzkunst benutzt werden muss. Fiction besitzt zudem eine Nähe zu Narration bzw. Erzählung, und das ist doppelt willkommen: 1. Als Absetzung zur Netzkunst, die sich ja auf (interaktive) Installationen spezialisiert. 2. Als medienübergreifendes Merkmal, das sowohl Text wie Film, Bild und Ton umfasst. »Inter« wiederum verweist auf einige der Eigenschaften, die als wesentlich für die digitalen Medien festgehalten wurden – Interaktivität, Intermedialität –, und assoziiert zugleich das populärste dieser Medien: das Internet.

Dass »Interfiction« auf Dokumentarfilm- und Videofesten Verwendung findet und für die Integration der Medien durch die Universalmaschine Computer sowie deren sozio-ästhetische Auswirkungen steht, passt sehr gut zu diesem Begriffsverständnis.

WETTBEWERB

Die Geburtsstunde der deutschen Netzliteratur-Szene schlug Ende 1995, als die *ZEIT* und IBM »zum Spiel mit den Grenzen zwischen Schrift, Datensatz, Bild und Grafik« einluden, ermunterten, die Ausdrucksformen und technischen Möglichkeiten der Computernetze aufzunehmen und kreativ zu benutzen, aber auch forderten, dass es sich bei den Beiträgen »nach wie vor um Literatur« handeln müsse, mit dem Zusatz: »um welche Art von Literatur allerdings, ist völlig offen«.

Diesen Internet-Literaturwettbewerb gab es 1997 noch einmal und auch 1998, als man »Internet« durch »Pegasus« ersetzte. Schon 1996 aber schuf Teilnehmer Sven Stillich mit der Mailingliste *Netzliteratur.de* der Szene deutscher Netzliteraten ein Diskussionsforum (das manchmal auch darüber streitet, wieso es eigentlich *Netz*literatur bzw. Netz*literatur* heißt).

Oliver Gassner, der nach Dirk Schröder die Liste übernahm, organisierte 1999 in Baden-Württemberg den Ettlinger Internet-Literaturwettbewerb, womit man sich endgültig von den Vätern (die sich sowieso nicht mehr um ihr Kind kümmerten) abgenabelt hatte.

Seitdem gab es im deutschen Sprachraum immer mal wieder kleinere Wettbewerbe: der November 1999 von *Literatur-Café* und *blue window* ausgerufene Internet-Literaturpreis zum Millennium, der nur für Frauen zugelassene Linzer Marianne-von-Willemer-Preis 2000, der von *ARTE* zur Frankfurter Buchmesse 2000 ausgerichtete Liter@turwettbewerb.

Wer sich für die Vorgänge im englischsprachigen Raum interessiert, geht am besten zur trAce/Alt-X International Hypertext Competition 1998 und trAce/Alt-X New Media Writing

Competition 2000 sowie zum New York University Press Prize for Hyperfiction 1999.

AUSSCHREIBUNG

Oft wird das Spezifische der Medien einfach durcheinander gebracht und von Netzliteratur gesprochen, wenn man doch digitale Literatur meint. Im *ZEIT*-Internet-Wettbewerb 1996 war z. B. vom »Spiel mit den Grenzen zwischen Schrift, Datensatz, Bild und Grafik« die Rede – alles auch offline möglich. 1998 ist das Ziel des Wettbewerbs die Verknüpfung der »Sprache mit den ästhetischen und technischen Mitteln des Internet« – Sieger wurden dann aber zwei intermediale, vom Netz völlig unabhängige Werke.

Der Internet-Literaturpreis zum Millenium erwartete die Bearbeitung des Millenium-Themas mit den »Möglichkeiten des Internet« und nannte als denkbare Formen: »HTML-Format und Hypertexte; Flash- und Shockwave-Animationen; Film- und Tondaten; und alles, was den Autoren sonst noch dazu eingefallen ist« – allesamt Formen, die das Internet nicht brauchen.

Einzig der Ettlinger Literaturwettbewerb wusste genau, wovon er sprach. Hier waren Werke gefragt, die sich »eines oder mehrerer Dienste des Internet bedienen (WWW, Mail, News, FTP, Telnet, ...)«, und die Preise gingen, abgesehen vom netzunabhängigen Hypertext *Hilfe!*, dann auch wirklich sämtlich an »echte« Netz-Werke.

SIEGER

Von den im Netz zugänglichen Preisträgern sei hier nur auf folgende verwiesen:

ZEIT/IBM-Wettbewerb: Susanne Berkenhegers *Zeit für die Bombe* (Hyperfiction, 1997), Jürgen Daibers und Jochen Metzgers *Der Trost der Bilder* (Hypermedia, 1998), *Die Aaleskorte der Ölig* von Frank Klötgen und Dirk Günther (Hypermedia, 1998).

Ettlinger Internet-Literaturwettbewerb 1999: Jan Ulrich Haseckes *Generationenprojekt* (Mitschreibprojekt), Alvar Freudes und Dragan Espenschieds *Assoziations-Blaster* (Mitschreibprojekt), Guido Grigats *23:40* (Mitschreibprojekt) und Susanne Berkenhegers *Hilfe!* (Hyperfiction).

Linzer Marianne-von-Willemer-Preis 2000: *Dominoa* von Petra Harml-Prinz, Angelika Mittelmann, Renate Plöchl, Ilse Wagner und Anja Westerfrölke (Hypertext, konkrete Poesie), *Crime* von Susanne Wolf (Hypermedia).

ARTE Liter@turpreis: *Tagebau/Mein Pixel-Ich* (Mitschreibprojekt des Berliner Zimmer) und Urs Schreibers *Epos der Maschine* (Hypertext, konkrete Poesie digital).

Die Preisträger der anglo-amerikanischen Wettbewerbe: trAce/Alt-X Hypertext Competition 1998: Jenny Weight mit *Rice* (Multimedia) und William Gillespie, Scott Rettberg, Dirk Stratton, Frank Marquardt mit *The Unknown* (Hyperfiction). trAce/Alt-X New Media Writing Competition 2000: Talan Memmotts *Lexia to Perplexia* (konrete Posie digital). New York University Press Prize for Hyperfiction 1999: Adnan Ashraf: *The Straight Path* (Hyperfiction) und Pratik Kanjilals *The Buddha Smiled* (Hyperfiction).

KRITERIEN

Nach welchen Kriterien soll nun aber die Kritik erfolgen? Welche Maßstäbe legt eigentlich die Jury an? Dazu Hermann Rotermund, Juror des *ZEIT*-Wettbewerbs: »In allen Wettbewerben stellten Diskussionsteilnehmer immer wieder die Frage nach den Bewertungskriterien der Jury. Viele wollten anscheinend die Jury nicht als Gruppe einigermaßen umfassend gebildeter und kulturell erfahrener Individuen akzeptieren, sondern wollten Kataloge mit Killer-Kriterien vorgeführt bekommen. Diese Kataloge haben wir verweigert. Deren Aufstellung hätte uns auch das Abenteuer der Entdeckung von neuartiger Spannung, von neuartigem Genuss versauert.« (Rotermund)

Auf jeden Fall wird man Folgendes beachten müssen:

- wie verhalten sich die benutzten Medien zueinander (illus-

triert z. B. das Bild den Text nur oder gibt es ihm etwas hinzu; Stichwort Multi- oder Intermedia);
- wie sinnvoll ist ein technischer Effekt (Stichwort digitaler Kitsch);
- welche Rolle kommt dem Leser zu;
- wie sinnvoll ist die Navigation (wer die meisten Links setzt, hat noch lange nicht gewonnen);
- welche Bildschirmästhetik liegt vor (Scrollen oder Klicken);
- die Technikästhetik: welchen technischen Aufwand für welchen Effekt und welche technische Ausstattung des Publikums;
- und natürlich gelten weiterhin die Kriterien der alten Künste, wenn deren Material benutzt wird: die Sprachgestaltung, die Bildkomposition, der narrative Aufbau, Kameraführung usw.

PROFESSOREN

Und was sagen die Professoren dazu? Literaturprofessoren kennzeichnen drei Dinge: Erstens kommen sie aus der *Geisteswissenschaft*, und da lernt man nicht, mit moderner Technik umzugehen. Zweitens gilt ihre Liebe der Sprache. Und wenn manchen schon eine kulturwissenschaftliche Reformierung ihres Faches zu weit geht, kann man sich vorstellen, dass sie Abstand halten von einer Literatur, die sich selbst interdisziplinär verhält. Drittens gilt ihre Liebe der *schönen* Sprache. Sprachliche Qualität ist in diesem Fach aber nicht immer zu finden: a) weil mitunter die Soziologie übernimmt, b) weil so viele andere Dinge (Programmierung, Screen-Design, Web-Administration und, und, und) auch noch anfallen und c) weil sich hier naturgemäß v. a. die jungen AutorInnen engagieren, die ihren eigenen Stil mitunter erst noch finden müssen.

Und doch: Auch die Akademiker beginnen sich zu interessieren. Nachwuchswissenschaftler veranstalten entsprechende Seminare, ihre StudentInnen gehen mit dem neuen Thema zu den Professoren – und haben manchmal Glück. So verwundert es nicht, dass das erste deutsche Buch zum Thema eine Magisterarbeit war (Nina Hautzingers *Vom Buch zum Internet? Eine Analyse der Auswirkungen hypertextueller Strukturen auf Text und Literatur*). Inzwischen gibt es freilich einige Dissertationen und Sammelbände, und neben schriftlichen Zeugnissen der Forschung finden nach mehr oder weniger informellen Treffen der Macher und Theoretiker auch erste Konferenzen und Symposien mit akademischen Weihen statt.[2]

2. Diemut Roether: Die digitale Revolution findet (noch) nicht statt – Wie das elektronische Publizieren die Verlagsbranche verändert

Die »digitale Revolution« hat die Verlagswelt bislang noch erstaunlich unberührt gelassen – zumindest den Teil, der Bücher publiziert und verkauft. »Keiner kauft, keiner liest, keiner investiert«, stellten Steven Zeitchik, Calvin Reid und Ed Nawotka in einem Vortrag für die Big-Questions-Konferenz anlässlich der Frankfurter Buchmesse 2001 fest (Zeitchik u.a. 2001). Und Michael Holdsworth, der geschäftsführende Direktor von Campus University Press, konstatiert: »Die Entwicklung des elektronischen Publizierens geht viel langsamer als wir erwartet haben. Es zeichnen sich keine klaren Geschäftsmodelle ab; zur Zeit spielen alle mit jedem Modell, das einigermaßen glaubwürdig aussieht.« (Shingleton 2001, 23)

Zwar gibt es kaum noch einen Verlag ohne eigenen Webauftritt, doch den Schritt, Texte auch elektronisch zu veröffentlichen, wagen nur wenige. Lexikon-, Sach- und Fachbuchverlage gehörten zu den ersten, die mit elektronischen Formen des

[2] Vgl. dazu im Einzelnen den Beitrag zu »Geburt und Entwicklung der digitalen Literatur« in diesem Band.

Publizierens experimentierten: Die *Encyclopaedia Britannica*, deren Absatz zwischen 1990 und 1997 um neunzig Prozent zurückgegangen war, ging als eines der ersten Nachschlagewerke ins Netz. Für acht Dollar im Monat erhalten Abonnenten Volltext-Zugriff auf das Lexikon und weitere Angebote. Deutsche Internetuser können auf der Website *Xipolis.net* alle Bände des Duden, den Brockhaus, das *Lexikon der Neuen Musik* und *Kindlers Literaturlexikon* und weitere Zeitschriften und Bücher einsehen – bezahlt wird pro abgerufenem Artikel.

Über andere technologische Neuerungen wie etwa das E-Book wird zwar in der Publikumspresse viel geschrieben, genutzt werden sie jedoch kaum. Etwa 1000 Lesegeräte für E-Books waren im Frühjahr 2001 in der Bundesrepublik im Umlauf, ihre stolzen Besitzer konnten aber nur auf etwa 1000 deutsche Texte zugreifen, die als Rocket-Edition vorlagen. Erst wenn zehnmal so viele Texte abrufbar und zehnmal so viele Geräte in Gebrauch sind, könnte der E-Book-Markt in Deutschland in Gang kommen, schätzen Experten (Riehm u.a. 2001, 131ff.).

Vermutlich sind es auch die bitteren Erfahrungen des Musikgeschäftes, die Verleger noch immer vor dem elektronischen Publizieren zurückschrecken lassen. Der Erfolg der Musiktauschbörse Napster und des Formates MP3 hatte klare Auswirkungen auf den Verkauf von Singles in der ganzen Welt: International ging der Verkauf um 14,3 Prozent zurück, in den USA, die am stärksten vom Napster-Schock getroffen wurden, gingen im Jahr 2000 nur noch halb so viele Singles über den Ladentisch wie im Jahr zuvor (Bulkley 2001, 24). Das Ende von Napster ist bekannt: Die Musiktauschbörse wurde im Oktober 2000 von der Bertelsmann-Tochter BMG übernommen. Gespannt wird die Verlagsbranche daher beobachten, was sich der Bertelsmann-Konzern nach der Übernahme von Napster einfallen lassen wird, um mit dem Vertrieb von Musikstücken im Internet Geld zu verdienen.

»Information wants to be free«, einer der Leitsätze der Internet-Philosophie, hält Verleger immer noch davon zurück, in neue Formen des Publizierens zu investieren. Denn wenn Internet-

User nicht bereit sind, für hochwertigen Content zu bezahlen – wie sollen Verleger (und Autoren) dann ihr Geld verdienen? »Mit der Entwicklung und Verbreitung der Informations- und Kommunikationstechnologien, insbesondere mit der Internet-Technologie, wird der Schutz der Urheberrechte gefährdet oder sogar verhindert, da Kopien digitaler Produkte mit minimalen Kosten erstellbar oder übermittelbar sind.« (Riehm u.a. 2001, 156) Die Web-Überwachungsfirma Envisional fand kürzlich 7267 Raub-E-Books im Internet. Innerhalb weniger Minuten stößt man über Google zum Beispiel auch auf nicht lizenzierte elektronische Raubkopien von *Harry Potter* (Shingleton 2001, 23).

Ein Buch zu digitalisieren und für die elektronische Publikation aufzubereiten, ist aufwändiger, als ein Musikstück in MP3-Format zu konvertieren. Liegt der Text nicht digital vor, muss er zunächst einmal gescannt werden. Und jeder, der einmal einen gescannten Text gelesen hat, weiß, wie viele Fehler ein Scanner in den Text »hineinliest« – diese Texte müssen später mühsam wieder Korrektur gelesen werden. Hinzu kommt ein weiteres Problem: Um einen langen Text dem schnellen und bequemen elektronischen Zugriff zugänglich und vor allem wieder auffindbar zu machen, muss er in eine Datenbank überführt werden. Da es unterschiedliche Formen des elektronischen Publizierens gibt, sollten alle Texte »medienneutral und cross-platform-tauglich« (Riehm u.a. 2001, 134) gespeichert werden. Vor allem aber müssen die Verlage ein Gespür dafür entwickeln, *was* die Leser *wie* lesen wollen: auf dem Bildschirm oder schwarz auf weiß auf dem Papier. Von besonderem Interesse dürften daher für die Verleger Untersuchungen zum Leseverhalten sein. So hat eine Studie der Stiftung Lesen im Jahr 2000 ergeben, dass das selektive und überfliegende Lesen insgesamt zugenommen hat – vor allem jedoch in der Altersgruppe bis 19 Jahre (Riehm u.a. 2001, 66).

Doch das Bewusstsein für strukturierte Datenauszeichnung und gesicherte Datenhaltung ist in den deutschen Verlagen immer noch schwach ausgeprägt, stellen Ulrich Riehm, Carsten Orwat und Bernd Wingert in ihrer Studie *Onlinebuchhandel in Deutschland* fest: »Vielleicht ein Prozent der Verlage können auf eine für die Mehrfachverwertung geeignete Datenhaltung zurückgreifen« (Riehm u.a. 2001, 33). Die Inhalte von Büchern werden zwar schon seit Jahren für den Druck digitalisiert, doch in den wenigsten Verlagen wurden diese Daten strukturiert gesammelt und archiviert (Böhler 2001, 121).

Wie wirkt sich die digitale Revolution nun konkret für die verschiedenen Akteure in der Publikations- und Distributionskette von Büchern aus und welche Strategien gibt es für Verlage, Buchhändler, Zwischenhandel und neue Intermediäre, sich auf die neuen Technologien einzustellen? Da wären zunächst die Autoren als die Urheber geistiger Güter. Sie wenden sich mit ihrem Produkt meist an einen Verlag, der Selektions-, Herstellungs- und Distributionsfunktionen übernimmt. Die Verlage liefern die fertigen Bücher entweder direkt an den Bucheinzelhandel oder an den Zwischenbuchhandel, der inzwischen für viele Buchhandlungen auch Lagerfunktionen übernommen hat.

1. Die Autoren: Jeder wird sein eigener Verleger

Für Autoren eröffnen sich mit dem elektronischen Publizieren ganz neue Möglichkeiten: Sie können die Auslese durch einen Verlag umgehen, werden im Netz ihr eigener Verleger, vertreiben ihre Bücher per E-Mail oder lassen sie als Print-on-Demand-Ausgabe kostengünstig drucken. Mit dem Internet stehen ihnen auch Instrumente zur Verfügung, auf ihre Werke hinzuweisen und diese bekannt zu machen. Für großes Aufsehen sorgte im Jahr 2000 die Ankündigung des Bestsellerautors Stephen King, sein Buch *The Plant* auf seiner Website *stephenking.com* kapitelweise zum Download im Internet bereitzuhalten. Für einen Dollar konnte die King-Fangemeinde 20 Seiten herunterladen. »Wir werden der absolute Alptraum der Verleger«, verkündete King auf seiner Website, da er seinen Verlag Simon & Schuster nicht an diesem Geschäft beteiligte. An Kings erstem Experiment mit E-Publishing, *Riding the Bullet,* hatte der Verlag noch mitverdient. Einzige Bedingung des Autors an seine Leser: Nur wenn drei Viertel der Nutzer zahlten, würde er das Experiment fortsetzen. Doch die Zahlungsmoral ließ zu wünschen übrig, nach der dritten Folge stellte King das Experiment ein (Simon 2000, rin/cal 2000).

Daraus jedoch zu schließen, für bekannte Autoren lohne es sich nicht, im Internet zu veröffentlichen, wäre zu kurz gegriffen. Immerhin 400000 Leser hatten Kings erste Internet-Erzählung, *Riding the Bullet,* gegen Geld heruntergeladen. Und die Medienberichterstattung über Kings Ankündigung, im Internet zu publizieren, war für Verlag und Autor billige, weltweite Werbung.

Auch weniger bekannte Kollegen von King haben mit dem Internet als Marketing-Instrument gute Erfahrungen gemacht. So berichtet der US-amerikanische Thriller-Autor Douglas Clegg, der seit 1989 bei Simon & Schuster, Bantam Dell und Kensington Press veröffentlichte, seine Buchverkäufe hätten nach zehn Jahren knapp über zehntausend Exemplaren gelegen – was in den USA für einen eingeführten Autor seiner Sparte wenig ist. 1999 entschied er, seinen Roman *Naomi* als Fortsetzungsroman im Netz zu veröffentlichen und die einzelnen Kapitel umsonst als E-Mail zu verschicken. Als Folge schoss der Verkauf seiner früheren Bücher in die Höhe, die Romane waren wieder in den Buchläden präsent. Jetzt hat Douglas Clegg zwei neue Verlage gefunden und kassiert höhere Vorschüsse denn je (Kean 2001, 29).

In den USA und England wollten Internet-Startups wie Citron Press oder Writers Republic den vielen unveröffentlichten Autoren eine Chance geben. Ihre Geschäftsmodelle bewegten sich irgendwo zwischen »vanity press«, Literaturagentur und Buchclub. Doch sie sind entweder eingegangen, wie Citron Press, oder haben ihre Aktivitäten stark eingeschränkt. Denn der großen Zahl der unveröffentlichten Autoren steht nur eine Handvoll interessierter Leser gegenüber, die deren Ergüsse lesen – und noch weniger, die dafür zahlen wollen (Kean, 29).

In Deutschland ist die Erfolgsgeschichte von »Books on Demand« vor allem den engagierten Autoren zu verdanken (Riehm u.a. 2001, 119). Die Technologie Books on Demand (BoD) wurde vom Barsortimenter Libri in Kooperation mit dem Druckmaschinenhersteller Xerox ursprünglich für Verlage entwickelt und angeboten. Das erste Buch auf Bestellung erschien im Sommer 1998. Zweieinhalb Jahre später waren bereits 3000 Titel auf Bestellung lieferbar.

Books on Demand ist ein Verfahren, das sich in erster Linie für kleine Auflagen lohnt. Wer ein Buch bei BoD veröffentlichen möchte, schickt eine druckfertige Datei an das Druckzentrum in Hamburg, wo daraus ein digitaler Druckmaster erstellt wird. Das kostet – je nach Seitenzahl und Aufwand für den Buchumschlag – ein paar hundert Mark. In der Regel gründen die Autoren selbst einen Verlag, in dem sie das Buch herausbringen. BoD besorgt für die Autoren eine ISBN-Nummer und nimmt ihre Werke in den Katalog von Libri auf. Drei Wochen später kann der Titel über das Internet oder eine ganz normale Buchhandlung bestellt werden. Will ein Käufer das Buch erwerben, wird es in wenigen Minuten gedruckt, anschließend gebunden und mit einem auf einer digitalen Vierfarben-Druckmaschine produzierten, laminierten Schutzumschlag versehen. Innerhalb von 48 Stunden wird es normalerweise ausgeliefert.[3] Über die reine Herstellung hinaus bietet BoD den Autoren auf Wunsch auch ein Lektorat oder besonders gestaltete Umschläge und Workshops an, in denen die Autoren lernen können, wie sie ihre Buchmanuskripte für den Druck bei BoD optimieren und wie sie erfolgreich Marketing für ihre Bücher machen.

Bekannt wurde BoD vor allem durch den (nicht ganz überraschenden) Erfolg des Buchs *Hagakure – der Weg des Samurai.*

[3] Genauere Angaben zum BoD-Verfahren unter www.bod.de.

Guido Keller hatte die »Samurai-Bibel«, die in dem Film *Ghost Dog* von Jim Jarmusch eine Rolle spielt, auf eigenes Risiko übersetzt und bei BoD im Selbstverlag rechtzeitig zum Filmstart im Januar 2000 in Deutschland herausgebracht. Das Buch verkaufte sich als BoD mehr als 10000mal. Inzwischen hat der Piper-Verlag die Rechte an dem Buch von Guido Keller erworben und es als Taschenbuch in neuer Übersetzung aufgelegt. Ein BoD-Autor kann also jederzeit zu einem »richtigen« Verlag abwandern, wenn sich zeigt, dass sein Buch ein kommerzieller Erfolg ist. Alle Rechte bleiben bei den Autoren, BoD behält sich einzig das Verwertungsrecht als E-Book vor (Riehm u.a. 2001, 118, Roether 2000).

BoD hat allerdings auch Nachteile: Schon bei Auflagen von mehreren tausend ist das BoD-Verfahren teurer als der herkömmliche Offset-Druck. Auch die haptische Qualität der Bücher lässt zu wünschen übrig. Einige Verlage sehen in Printing on Demand, das auch von anderen Dienstleistern angeboten wird, eine Lösung, die immer wieder auflebende Nachfrage nach älteren Titeln zu befriedigen. Titel aus der Backlist müssen sie dank dieser Verfahren nicht mehr vorrätig halten und sparen die Kosten für teure Lagerhaltung.

2. Die Verlage: Auf der Suche nach einem tragfähigen Geschäftsmodell

Die Freude der Autoren darüber, dass sie nun nicht mehr durch das Nadelöhr der Verlage müssen, um ein Buch auf den Markt zu bringen, ist verständlich – ebenso wie der Ärger der Verleger. Rolf Johannes, einer der Leiter des Lüneburger Verlags Dietrich zu Klampen, wies in einem Beitrag für das *Börsenblatt des Deutschen Buchhandels* darauf hin, dass die Print-on-Demand-Technik vor allem die Selektionsfunktion der Verlage ausschalte und dadurch einer viel beklagten Entwicklung Vorschub leiste: »Die ohnehin gigantische Flut von schlecht oder gar nicht lektorierten, unkorrigierten, literarisch mäßigen Titeln im deutschsprachigen Raum steigt weiter« (Riehm u.a. 2001, 120). Auch Richard Charkin, CEO des US-amerikanischen Verlages Macmillan, hält es für die wichtigste Aufgabe der Verleger, »dafür zu sorgen, dass nicht jedes Buch, das auf ihrem Schreibtisch landet, veröffentlicht wird« (Kean 2001, 29). Angesichts der neuen Technologien müssen Verleger sich also darauf besinnen, welchen verlegerischen Mehrwert sie Autoren bieten können. Übereinstimmend werden hier vor allem drei Dinge genannt: Qualitätskontrolle, Marketing und Vertrieb.

In Buchverlagen scheint man jedoch erst seit kurzem darüber nachzudenken, wie die Möglichkeiten elektronischen Publizierens besser genutzt werden können. Während Zeitungs- und Zeitschriftenverlage schon vor einiger Zeit ins Geschäft mit dem Verkauf von Inhalten an Dritte, die so genannte »Content Syndication«, eingestiegen sind, ist dies für die Buchverlage noch ein recht neues Geschäftsfeld. Es ist verständlich, dass literarische Verlage dem Gedanken, ganze Romane als »Content« in internet-gerechte kleine Module zu zerlegen und weltweit anzubieten, wenig abgewinnen können. Doch vor allem für wissenschaftliche und Sachbuchverlage dürfte sich Content Syndication als zukunftsträchtig erweisen. So stellt Michael Meier vom Falken-Verlag fest, es gebe weltweit mehr als 2,5 Millionen Business-Websites, die auf der Suche nach hochwertigen Inhalten seien, um ihre Seiten attraktiver zu gestalten. So sind zum Beispiel für Reiseveranstalter zusätzliche Informationen über Reiseziele interessant.

Sachbuchverlage, davon ist Meier überzeugt, können hier gegenüber Nachrichtenagenturen oder Tageszeitungen sogar einen entscheidenden Vorteil bieten: Ihr Content ist langlebiger (»evergreen content«) als der im aktuellen Tagesgeschäft erzeugte. Und es gibt einen nahezu unerschöpflichen Fundus an sorgfältig lektorierten, wertvollen Inhalten. Für die Verlage, so Meier, habe Syndication einen weiteren großen Vorteil: Durch die Platzierung ihrer Marke auf den Websites von Geschäftspartnern könnten sie ihren Namen noch bekannter machen.

Das Wissensportal *Xipolis.net* ist ein Projekt, mit dem der dahinter stehende Holtzbrinck-Konzern versucht, Geld bei Endkunden zu verdienen. Wer hier recherchiert, kann nicht nur den zehnbändigen Duden oder den Brockhaus einsehen, sondern erhält zu seinem Suchbegriff unter Umständen auch Artikel aus der *ZEIT*, der Zeitschrift *Spektrum der Wissenschaft* oder Auszüge aus einem im Verlag Markt + Technik erschienenen Sachbuch. Bezahlt wird entweder mit der Xipolis-Card, die dem Nutzer mit einem Passwort den Zugriff auf ein vorausbezahltes Konto einräumt, oder über das Zahlungssystem Net900, bei dem der Betrag mit der Telefonrechnung abgebucht wird (Riehm u.a. 2001, 136ff).

Xipolis.net wurde 1999 gegründet und im März 2000 freigeschaltet. Nach einem halben Jahr hatte Xipolis 18000 registrierte Nutzer gewonnen. Um damit Geld zu verdienen, ist dieser Markt viel zu klein. Die Finanzierung durch Werbung lehnen die Betreiber prinzipiell ab – also suchen sie nach Kooperationspartnern im Business-to-Business-Geschäft. Die Konkurrenz beobachtet gespannt, ob es ihnen gelingt, ein tragfähiges Geschäftsmodell zu etablieren.

Die Zukunft solcher Aggregatoren, die Inhalte unterschiedlicher Verlage bündeln und strukturieren, um sie dem Endkunden zur Verfügung zu stellen, sehen Experten vor allem auf dem Gebiet der wissenschaftlichen und der Fachliteratur: Studenten und Wissenschaftler suchen oft nicht nach ganzen Büchern, sondern nach einzelnen Aufsätzen zu einem Thema.

Während Xipolis Information nur gegen Cash anbietet, stellt das zu Bertelsmann gehörende Portal *wissen.de* Lexikonartikel gratis zur Verfügung. *Wissen.de* finanziert sich teilweise über Werbung, was Xipolis (noch) prinzipiell ablehnt. Die Anhänger der Verschenk-Philosophie sind überzeugt davon, dass sie mit dem umsonst zur Verfügung gestellten Content langfristig neue Kunden gewinnen. Ihre Gegner warnen jedoch vor der »Selbst-Kannibalisierung« der Branche (Riehm u.a. 2001, 139, vgl. Albrecht).

Die zögernde Verlagswelt setzt am ehesten auf eine Kombination aus Büchern, CD-ROMs und Webseiten, auf denen zusätzliche Inhalte und Links ins Web angeboten werden. Dem Verlag Bloomsbury's zum Beispiel ist es gelungen, mit der Website *www.witchchild.com* auf das Buch aufmerksam zu machen und mehr Käufer dafür zu interessieren. Um den Internetauftritt herum bildete sich eine Community, die nun gespannt auf das nächste Buch wartet.

Mit den so genannten »Browse and mouse«-Büchern hoffen Verleger, das Buch als interaktives Unterhaltungsmedium vor allem für junge Leser wieder interessant zu machen, die Bücher »uncool« finden. Das Zauberwort heißt »Customer-Relationship«: Über die Webseiten zu den Büchern können die Verlage eine direkte Beziehung zu ihren Kunden aufbauen und so den Markt für Downloads und elektronische Bücher schaffen. Online-Chats und der Aufbau einer Online Community gelten als wichtige Faktoren im digitalen Zeitalter (Shingleton 2001, 25).

Anfang der 90er hatte eine Studie einer Unternehmensberatungsfirma prognostiziert, im Jahr 2000 läge das Marktpotenzial für elektronische Publikationen bei 18 Prozent. Davon ist die Branche noch weit entfernt. Das mag zum einen an den schlechten Erfahrungen mit dem CD-ROM-Geschäft liegen, das sich deutlich schwieriger entwickelte als erwartet (Riehm u.a. 2001, 31 f.). Der Großteil der Verleger spürt zwar den starken Veränderungsdruck in der Branche (Böhler 2001, 119), doch kaum einer hat ein schlüssiges Rezept, wie er darauf reagieren soll. Umso erstaunlicher ist es, dass prestigeträchtige, innovative, multimediale Projekte von den meisten Verlagen noch immer sträflich vernachlässigt werden. Ein Buch-Projekt in Verbindung mit einer CD-ROM oder Website gilt schon als technologische Avantgarde, und wer weitergehende elektronisch-literarische Experimente wagt, darf sich als Pionier feiern lassen – wie das Projekt *NULL* des Kölner DuMont-Verlags gezeigt hat. Dabei hat der Verlag im Grunde nur eine im Internet geführte Diskussion von Schriftstellern auf Papier herausgebracht.

3. Zwischenhandel und neue Intermediäre: Gute Ideen machen sich bezahlt

In zahlreichen Studien zu E-Business und Internet wurde immer wieder prognostiziert, die neuen Technologien würden die Zwischenhändler überflüssig machen. Im Verlagsgeschäft scheint das Gegenteil der Fall zu sein: Riehm, Orwat und Wingert fanden in ihrer Studie zum Online-Buchhandel heraus, dass die Rolle von Großhändlern wie Libri oder Koch, Neff und Oetinger durch das Internet eher gestärkt wird. Die Zwischenhändler verfügen über umfangreiche EDV-Erfahrungen, die sie sich im Internet zunutze machen konnten. Beide Barsortimenter sind Kooperationen mit den Buchhandlungen eingegangen: Sie stellen die Kataloge bereit, in denen die Kunden recherchieren und sich über Bücher informieren können. Gegen eine relativ geringe Summe können sich stationäre Buchhandlungen bei Libri oder KNO auch eine eigene Webplattform einrichten lassen. Bestellt ein Kunde direkt über Libri oder KNO, muss er eine Partnerbuchhandlung auswählen, über die die Lieferung erfolgen soll (Riehm u.a. 2001, 77 ff.).

Libri übernimmt für stationäre Buchhandlungen auch Aufgaben wie Bonitätsprüfung, Mahnwesen oder Kundenservice und trägt sogar das Ausfallrisiko. Allerdings müssen die kooperierenden Buchhändler alle Bestellungen über Libri tätigen. Bei Koch, Neff und Oetinger und deren Webauftritt *buchkatalog.de* erfolgt die Lieferung stets im Namen und Auftrag einer Buchhandlung. Die Buchhandlung kann selbst entscheiden, ob sie das gewünschte Buch aus dem eigenen Bestand liefert, beim Barsortimenter oder direkt beim Verlag bestellt (Riehm u.a. 2001, 77 ff.).

Entgegen den ursprünglichen Prognosen scheinen sich im digitalen Zeitalter sogar neue Zwischenhändler und Vermittler etablieren zu können. Die Funktion von Aggregatoren wird zunehmend von Firmen übernommen, die aus der EDV oder New Economy stammen: Content Broker wie Tanto (gehört inzwischen zu Xipolis) oder die Cocomore AG (an der Bertelsmann beteiligt ist) vermitteln Inhalte zwischen den Produzenten und ihren Kunden. Häufig übernehmen sie auch die Aufgabe, die Inhalte so aufzubereiten, dass sie im Web veröffentlicht werden können. Sie klären die Rechte und führen geeignete Kooperationspartner zusammen (Meier).

Ein neuer Intermediär, der sich auf die E-Book-Technologie spezialisiert hat, ist Gemstar. Die Tochterfirma des Unterhaltungselektronikkonzerns Thomson übernahm im Jahr 2000 die beiden führenden Hersteller für E-Book-Lesegeräte, NuvoMedia und Softbook. Die Branche sah den Deal mit Freuden, von der Erfahrung aus der Unterhaltungselektronik erhofft sie sich bedienerfreundlichere Geräte. Das erste »Rocket-e-Book«, das die im Januar 2000 von Gemstar übernommene Firma NuvoMedia auf den Markt brachte, sieht aus wie ein kleines Notebook, ohne Deckel und Tastatur. Es verfügt über einen dünnen Plastikstift, mit dem sich einzelne Worte unterstreichen oder Kommentare an den Rand schreiben lassen. Die Schriftgröße lässt sich individuell einstellen, mit zwei Tasten kann der Text nach unten und oben verschoben werden. Wichtig war den Herstellern, die Funktionalität eines gedruckten Buches möglichst gut zu imitieren. Ein Nachfolgemodell ist bereits entwickelt, doch es ist fraglich, ob sich angesichts des Erfolgs der Personal Organizer reine Lesegeräte für elektronische Bücher am Markt durchsetzen werden (Riehm u. a. 2001, 122 ff., Flohr 2000).

Gemstar tritt als Zwischenhändler für die Lesegeräte und als Händler für die verschlüsselbaren Buchdateien in Aktion. Die Verlage konvertieren ihre Titel selbst ins E-Book-Format, wenn sie die Inhalte digital zur Verfügung stellen wollen. Wer ein E-Book herunterlädt, kann dieses nur an seinem Lesegerät lesen, nicht jedoch an das Lesegerät eines Freundes verleihen. »Der

Kauf einer Rocket-Edition gleicht eher dem Leserecht eines geliehenen Bibliotheksexemplars, und sie bindet den Leser an einen bestimmten, wenn auch weltweit agierenden Händler« (Riehm u.a. 2001, 130). Umso erstaunlicher ist es, dass viele Verlage für E-Books den gleichen Preis verlangen wie für die gedruckte Ausgabe.

Für begeisterte Leser ist die Vorstellung, einen Roman am Bildschirm zu lesen, immer noch eine abschreckende und reichlich absurde Vorstellung. Wirklich interessant könnte das E-Book erst werden, wenn für diese Technologie nicht nur Printtexte aufbereitet würden, sondern sie auch für das Lesen von Hypertexten oder andere digitale literarische Formen nutzbar würde.

4. Buchhandel: Bücher werden immer gekauft

Beim Vertrieb elektronischer Bücher hat der Buchhandel bislang eher untergeordnete Bedeutung. Doch der Anteil der Bücher, die nicht mehr im Geschäft, sondern übers Internet vertrieben werden, wächst. Im Jahr 2000 machte der Online-Buchhandel nach Schätzungen des Börsenvereins des Deutschen Buchhandels etwa 2,3 Prozent des Gesamtumsatzes aus – mehr als doppelt so viel wie 1999. Im Jahr 2005, prognostizieren Experten, dürften etwa fünf Prozent aller Bücher über das Internet verkauft werden (Riehm u.a. 2001, 71 u. 99).

Das Buch, über das der Käufer auch online ausreichend Informationen erhalten kann, gilt neben der CD immer noch als ideal für den E-Commerce geeignet: Es kann beim Versand nicht zerbrechen, und der Käufer muss es nicht anprobieren wie Kleidung oder Schuhe. Kein Wunder, dass *Amazon.com* lange Zeit als shooting-star des E-Commerce galt. Dabei war Jeff Bezos, der Gründer von *Amazon.com,* keineswegs der erste, der Bücher per Computer handelte. Eigentlicher Pionier der Branche war der Franzose François de Poucheville, der 1988 begann, über das in

Frankreich sehr erfolgreiche Minitelsystem Bücher zu verkaufen. In Deutschland handelte der Bücherdienst ABC als erster mit Büchern per BTX. Das von EDV-Experten 1991 gegründete Unternehmen schrieb im Gegensatz zu Amazon nie rote Zahlen und war Marktführer in Deutschland, als es 1999 von *Amazon.com* übernommen wurde. Auch Lehmanns Online Bookshop (lob.de), der Internet-Ableger einer Berliner Fachbuchhandlung, ist schon seit 1993 am Markt. Inzwischen gibt es in Deutschland vier große reine Online-Buchhandlungen, doch nur eine von ihnen behauptet, schwarze Zahlen zu schreiben (Riehm u.a. 2001, 68ff., ntv online 2001).

Die meisten Online-Buchhandlungen bieten neben gedruckten Büchern auch E-Books und andere elektronische Formate an. Viele haben ihr Angebot darüber hinaus auf Geschenkartikel, CDs und Ähnliches ausgedehnt. Nichts spricht jedoch dagegen, dass auch der stationäre Buchhandel für den Vertrieb elektronischer Bücher oder von Print-on-Demand-Exemplaren eine größere Rolle spielen könnte als bisher. Stationen zum Herunterladen von E-Books könnten in Buchhandlungen ebenso aufgestellt werden wie kleine Drucker, auf denen ein bestelltes Print-on-Demand-Buch innerhalb weniger Minuten ausgedruckt wird (Riehm u.a. 2001, 169). Doch noch scheinen die neuen Technologien den meisten Händlern wohl zu unausgereift, um große Investitionen zu wagen.

Was die Buchhändler den reinen Internet-Buchhandlungen zweifellos voraushaben, ist die individuelle Beratung der Käufer. Ein Buchhändler, der gut über aktuelle Neuerscheinungen sowie ausgefallene Bücher informiert ist und außerdem noch seine Kunden gut einschätzen kann, wird diese nicht so schnell an eine anonyme Online-Buchhandlung verlieren. Zumal die so genannten »Personalisierungsfunktionen« mit ihren reichlich groben Kategorien für leidenschaftliche Leser eher die Karikatur einer persönlichen Beratung darstellen.

Über das Internet rücken schließlich auch die Verlage näher an die Leser heran. Was in der Branche als »Disintermediation« berüchtigt ist, nämlich dass Verlage ihre Bücher ohne den Umweg über den Handel selbst verkaufen, ist vor allem für die kleinen Verlage interessant, deren Bücher aufgrund der Strukturen im Buchhandel kaum noch eine Chance haben, in den Auslagen der Händler zu landen. 50 unabhängige deutschsprachige Kleinverlage haben sich im Internet auf der Online-Plattform *txt.de* zusammengeschlossen, über die sie ihre Bücher bekannt machen und vertreiben. *txt* ist ein hervorragendes Beispiel dafür, wie sich mit geringen Mitteln und geschickten Verlinkungsstrategien ein sehr attraktiver Webauftritt gestalten lässt, der dank seiner ausführlichen Informationen zu den angebotenen Büchern einen starken Kaufanreiz bietet. Mit dem gemeinsamen Auftritt erreichen die Verlage eine breitere Öffentlichkeit und sparen Kosten für die Betreuung und Verwaltung einer eigenen Website (Riehm u.a. 2001, 104, Böhler 2001, 123).

Ein Buch ist ein Buch ist ein Buch – abschließende Bemerkungen

Der italienische Schriftsteller Umberto Eco hat einmal bemerkt, das Buch gehöre zu den wenigen Dingen, die sich einfach nicht verbessern ließen. Wer das e-Book-Lesegerät ausprobiert, kann sich davon überzeugen, wie schwierig es ist, etwas annähernd Funktionales wie das Buch zu *simulieren*. Das Buch als Medium, das sich in seiner fünfhundertjährigen Geschichte perfektioniert und bewährt hat, wird wohl immer bleiben. Daneben wird es aber viele neue Formen der Veröffentlichung und des Vertriebs geben, die das Leben erleichtern und dadurch ihre Berechtigung haben. Doch die zögerliche Haltung der Verlagsbranche gegenüber dem elektronischen Publizieren hängt nicht allein mit der unausgereiften Technik zusammen. Da sind zum Zweiten die ungeklärten Urheberrechte und zum Dritten die große Frage, vor der nahezu alle Unternehmen im Internet stehen: Wie lässt sich in und mit dem neuen Medium Geld verdienen?

Einige Szenarien der schönen neuen digitalen Welt klingen durchaus verlockend: So zum Beispiel die Möglichkeit, sich Aufsätze zu einem bestimmten Thema zusammenstellen zu lassen und sie aus dem Netz herunterzuladen, statt sie mühsam in der Bibliothek zu kopieren. Doch dafür müssen sich auch die Such- und Findetechnologien noch entscheidend verbessern. Den Autoren wiederum bringt die Verwirklichung ihres Traumes, ihr eigener Verleger zu sein, auch handfeste Nachteile: Die Marketingmaschinerie eines gut funktionierenden Verlages ist – ob mit oder ohne Internet – nicht leicht zu ersetzen. Wer im Netz erfolgreich sein will, muss sich dort erst einmal seine treue Fangemeinde schaffen. Und nicht jeder Autor möchte zugleich sein eigener Manager sein.

Die interessanteste Frage für die Weiterentwicklung der digitalen Literatur dürfte aber die sein, mit der sich die Verleger bisher am wenigsten beschäftigt haben: Wie sie die neuen, experimentellen Literaturformen, die im Internet entstehen, in ihre Programme aufnehmen und elektronisch publizieren können.

3. Christine Böhler: Fact is Fiction – Culture Jamming

»Der Traum hinter dem Web ist der eines gemeinsamen Informationsraumes, in dem wir Information teilen und dadurch kommunizieren. Grundlegend ist dabei seine Universalität: die Tatsache, dass ein Hypertextlink zu allem verweisen kann, sei es persönlich, lokal oder global, sei es ein Entwurf oder sei es perfekt ausgearbeitet.« (Berners-Lee) Mit diesem Anspruch an das World Wide Web hat sein Erfinder Tim Berners-Lee den Grundstein für das Netz als partizipatorisches Medium gelegt. Das Web bietet jedem Menschen, der über einen Computer und einen Internetzugang verfügt, die Möglichkeit, dort Dokumente zu veröffentlichen. Im Unterschied zum teuren und schwerfälligen Buchdruck kann damit jeder sein eigener Verleger sein. Das WWW ist ein riesiges Publishing-System, das aus unzähligen Mikro-Öffentlichkeiten besteht.

Webringe, Newsgroups und Mailinglisten als Organisationsformen dieser Mikro-Öffentlichkeiten bilden soziale Gemeinschaften und sind Foren für Rezeption und Beachtung. Kontakte werden geknüpft, Erfahrungen, Probleme, Know-how ausgetauscht. All das hat mit den bisherigen Instanzen des Buchdrucks wie Kritik, Wissenschaft oder Lektorat nicht viel zu tun. Zu den klassischen Massenmedien kommen neue Ebenen hinzu. Dadurch verlieren sie an Diskursmacht. »Viral Marketing« (Seth) heißt das gekonnte Umgehen mit diesen halbprivaten Strukturen im Fachjargon. Eine Viral Marketing-Strategie ist etwa die Anregung »e-mail this story to a friend«, die auf fast allen Websites zu finden ist. Die User helfen bei der Informationsweitergabe mit. Im digitalen Raum kann jeder eine beliebige Identität annehmen. Die persönliche Botschaft untergräbt diese Problematik der fehlenden Identität und Glaubwürdigkeit. Individuelle Botschaften erhalten Aufmerksamkeit und schlüpfen durch die Junkmail-Filter. Verselbstständigen sich solche Botschaften und verwandeln sich in Geschichten, die sich mit rasender Geschwindigkeit und ohne ein Werbebudget weltweit verbreiten, so spricht man von »Memen« (Dawkins). Beispiele für Meme sind etwa die Websites um den Low Budget-Film *Blair Witch Project* oder die digitale Jagd auf die Moorhühner. Madonnas Single *Music* war im Herbst 2000 schon Wochen vor ihrer Veröffentlichung als Raubkopie im Internet verfügbar, die Aufzeichnung sei ihr von einem Mitarbeiter gestohlen worden, gab Madonna bekannt. Das traf sich genau mit dem Höhepunkt der Napster-Berichterstattung und ging durch alle Medien: Jede Zeitung, Mailingliste, Fernsehsendung, Music-Site berichtete, die Single erhielt beste Gratis-Promotion. Diebstahl oder schlaue PR?

Solche Phänomene sind uns schon aus den Massenmedien hinlänglich bekannt, die digitalen Kommunikationsmittel bringen noch zusätzliche Möglichkeiten: »Fact is fiction«, das leichte Spiel mit Identitäten, Erfindung und Wahrheit ergänzt sich genial mit dem Netz. Im Netz können sich Nachrichten schnell und kostengünstig verbreiten. Die Profis unter den Aktivisten nutzen diese Strukturen und amüsieren sich mit Culture Jamming – dem strategischen Umgehen mit Medien, ihren Inhalten und Strukturen (Peretti).

Mark Amerika und der Mehrwert der Medien

Im Netz gilt die Ökonomie der Präsenz und der Aufmerksamkeit. »Network Value« nennt das der amerikanische Autor und Medienkünstler Mark Amerika. 1993 hat er das literarische Webprojekt *Alt-X* gegründet und diese Art der Umwegrentabilität hat ihm einiges gebracht: zahlreiche Projekte, Auftritte, Vorträge, Festivalbesuche und schlussendlich eine Professur.

Mark Amerika versteht etwas von »Network Value«, über ihn wird im *Time Magazine* berichtet, obwohl seine Romane *The Kafka Chronicles* und *Sexual Blood* sich in den Buchhandlungen nicht bei den Bestsellern finden, sondern eher im Regal für Subkultur, Amerikanische Postmoderne oder Post-Punk. Da solche Regale in Buchhandlungen selten sind, bleibt als Strategie, eigene Öffentlichkeiten herzustellen. Mark Amerika hatte das Glück, dass sein erstes Buch 1993 erschien, zu der Zeit, als das WWW gerade als neues Medium auftauchte. »Hypertext als die dem Netz zugrunde liegende Struktur ist Kompositionswerkzeug, Publikations- und Marketingtool in einem«, sagt er im Interview. Um sein Buch *The Kafka Chronicles* zu bewerben, begann er mit dem Netz zu experimentieren. »In den USA kontrollieren die großen Mainstreampublisher, was veröffentlicht wird und wie es vertrieben wird, Literatur natürlich eingeschlossen«, so Mark Amerika.

Teil dieses Experiments war die Gründung des *Alt-X Online Publishing Network,* einem Literatur- und Kunstportal, spezialisiert auf alles, was mit »Post«, »Pop« oder »Digital« beginnt oder endet. Da finden sich einmal die Arbeiten von Mark Amerika und dann die unterschiedlichsten Projekte. In der *Electronic Book Review* geht es vorwiegend um Theorie und Praxis der Neuen Medien, *Hyper-X* zeigt Netzkunstarbeiten, *Dirty Desire* verspricht Sex, der Verlag Black Ice Books bietet Bücher an, die Audio-Ecke MP3-Arbeiten. Über 500 Leute steuern Texte, Interviews, Sounds, Rezensionen, Bilder, Ideen, Arbeiten bei, die gratis im Netz stehen. »Mindsharing. Man gibt Ideen gratis her, denn das ist es, was in der Ökonomie der Aufmerksamkeit Mehrwert bringt. Das heißt nicht, dass man nichts verkauft. Aber nehmen wir zum Beispiel einen experimentellen Künstler. Wie soll der je seine Leser finden?« Als Mark Amerika mit *Alt-X* begann, war er selbst ein solcher unbekannter experimenteller Künstler. Inzwischen hat er an der University of Colorado, wo er lebt, eine Professur erhalten, seine Arbeiten sind international bekannt. *Fiction and Faction* heißt der Titel einer seiner Vorlesungen, und darüber schreibt er auch in seiner Internet-Kolumne »Amerika On-line«. In der erklärt er, wie man ein Internet-Künstler wird: »Erfinde eine fiktive Identität. Entwickle daraus eine Marke, indem du diesen Namen als deine Domain anmeldest.« Mark Amerika weiß sich zu vermarkten und war auch im realen Leben oft zur richtigen Zeit am richtigen Ort: So unterrichtete er an der Brown University, der Wiege des literarischen Hypertextes. Dort entstand auch sein Webprojekt *Grammatron,* das bei der Whitney Biennale 2000 präsentiert wurde. Sein MP3-Album *PHON:E:ME* ist auf der Webpage des Walker Art Center präsent.

Seine Taktik, das strategische Umgehen mit Medien und Medienverbünden, nennt er »Avant-Pop«. »Das heißt, in der Mainstream-Kultur ansetzen, deren Ideen verwenden und mit ihnen spielen. Das Netz als Medienformat hat unglaubliche Kraft und daher die Möglichkeit, große Aufmerksamkeit auf die Teilnehmer zu lenken.« Man lasse die Medien über sich berichten, um ein Star zu werden, das Konzept ist nicht neu. Mit dem Internet übernehmen aber die User einen Teil der Arbeit, sie helfen mit, die Nachricht zu verbreiten. Im globalen Medienverbund liefern Ideen und Einschaltquoten Mehrwert, die Summe geht über die Addition der an ihr beteiligten Einzelmedien hinaus: Network Value.

Luther Blissett, wu-ming

Eine weitere künstlerische Strategie, die mit dem Netz ein Revival erlebt, ist die, unter einem offenen Namen zu arbeiten. Seien es nun die Neoisten, deren unklare, da meist erfundene Geschichte Oliver Marchart in *Neoismus. Avantgarde und Selbsthistorisierung* (Marchart, 1997) recherchiert hat, seien es Gruppen wie *wu-ming,* die ohne Autorennamen auftreten und einen dauernden Spagat zwischen gelogener Lüge und erfundener Wahrheit spannen. Die einen möchten ungern mit den anderen verglichen werden, Gemeinsamkeiten können sie aber doch nicht verstecken. Um 1977 entstand das Konzept des »offenen Popstars«, ein Name sollte geschaffen werden, dem mit allen Insignien des Pop behaftet sein sollte, außer dem einen: dem Schutz des Namens. Multiple Namen sind offene Namen, die für künstlerisch-anarchische Aktionen beliebig verwendet werden können. Das heißt, jede und jeder konnte unter diesem Namen – Monty Cantsin ist einer davon, Luther Blissett ein anderer – auftreten und Aktionen durchführen. Die Verbreitung der Namen und Aktionen lief über Mundpropaganda und über Mail-Art. Auch dem Computer dürften sich alle bald zugewandt haben. Das Spiel mit der Wahrheit, die neu gewürfelt neue Geschichten ergibt, ist ihr Thema. Das italienische Kollektiv *wu-ming* ist aus dem *Luther Blissett*-Projekt hervorgegangen. *Luther Blissett* machte von 1994 bis 1999 immer wieder auf sich aufmerksam. So versandte *Luther Blissett* falsche Pressemeldungen über Pädophilie oder fälschte die Internetseite des Vatikan. Das anarchistisch-situationistische Konzept spielt mit den Medien ebenso wie mit dem Kunstbetrieb. Es schließt als subversives popkulturelles Konzept an Kunstrichtungen wie den Dadaismus, die Mail-Art und den Neoismus an.

Nachdem *Luther Blissett* offiziell seinen Tod erklärt hatte, führt das *wu-ming*-Kollektiv den Gedanken fort, wobei es dabei bleibt: Niemand weiß, was wahr ist. Das *wu-ming*-Konzept beruht darauf, Fiktion und Wahrheit ununterscheidbar zu machen. Wir sind gewohnt, den Medien zu glauben, für »Realität« oder »Wahrheit« gibt es Indizien, die auf gesellschaftlichen Übereinkünften beruhen, wie das Medium selbst, der Stil, die Aufbereitung, die äußere Erscheinungsform. Indem *wu-ming* sich in ihren Aktionen und Aussendungen an diese Konventionen für »Wahrheit« halten, glauben wir ihnen. Sie entlarven die Mechanismen der Medien durch Fiktion, die sie uns als Wahrheit verkaufen. »Das *wu-ming*-Trademark wird von einem Kollektiv von Autoren/Aktivisten administriert, die eine unabhängige Firma gegründet haben, die ›erzählerische Services‹ bietet. Diese Beschreibung hat eine breite Bedeutung und beschreibt alle Aktivitäten, die Literatur und Neue Medien verbindet [...] Wir sind nicht nur Erzähler. Wir sind Guerilla-Erzähler. Wir wollen die Leute verwirren«, heißt es in ihrem Newsletter Giap.

Unter dem Namen Luther Blissett veröffentlichten die späteren *wu-mings* den Roman *Q* bei dem renommierten italienischen Verlag Einaudi. Sie stehen dem Literaturbetrieb durchaus positiv gegenüber, verwahren sich aber gegen jeden Starkult. »Es hat sicher nichts mit Kunst, Künstlern oder Autoren zu tun. Aus dieser Welt bleibe ich draußen, denn da fehlt mir etwas: Weder interessiert es mich, meinen Namen überall zu hören, noch möchte ich mein Gesicht überall, wo ich hinschaue, reflektiert sehen. Ich möchte nur ein Schreiber sein, der ein Diktat niederschreibt, möchte ein Buch mit Handlung drin schreiben, und jede Handlung ist außerordentlich, aber ohne autobiografische Referenzen. Die meisten Bücher schreiben sich selbst.« (Giap) Das Material liefern *wu-ming* die Medien selbst. Sie greifen Geschichten aus dem täglichen Leben auf, spielen mit kollektiven

Mythen und Ängsten der Gegenwart. Sie lassen eine Meldung über Prostituierte, die Präservative mit Löchern verwenden, kursieren, oder die von malenden Schimpansen bei der Biennale von Venedig. Details aus dem Alltag, Bruchstücke einer kollektiven Geschichte werden in neue Zusammenhänge gestellt. Zugunsten des Experiments mit den Medien verzichten sie auf formale Experimente, halten sich an narrative Notwendigkeiten. Der formale Bruch findet über den Inhalt statt. Die Helden, die im nächsten Roman von *wu-ming* eine zentrale Rolle spielen sollen, sind Cary Grant und Marschall Tito. »Geschichte ist ein riesiges Reservoir von Events, die nur darauf warten, dass sie jemand erzählt. Unsere Aufgabe ist es, die Geschichten der Konflikte zu finden, sie den schmutzigen Händen der Sieger zu entreißen, ihre Epen zu zerschlagen und neu zusammenzusetzen, ein neues Licht darauf zu werfen. Wir schreiben die Romane, die wir gerne lesen würden, und arbeiten auf der hoffnungslosen Seite der Geschichte, indem wir verzerrte oder vergessene Geschichten neu entwickeln.«[4]

RTMark

Media Hacking nennen die amerikanischen Aktivisten *RTMark.com* und das Wiener Künstlerduo *Ubermorgen.com* ihre Aktionen. Schon die Endung *.com* im Namen deutet auf Business hin, ebenso die Aufmachung und die Sprache ihrer Webseiten. Ihr Hauptmittel ist Sabotage. Sie spielen digitalen Robin Hood, bauen Dotcom-Scheinwelten auf, ahmen sie nach und üben so parodistische Kritik an realen Strukturen. Ein wichtiger »Unternehmenszweig« ist das Herstellen gefälschter Webseiten, sogenannter Rogue Sites. *RTMark* stellte Rogues von Shell Oil, McDonalds oder MicrosoftEdu.com ins Netz, den

[4] Roberto Bui (Wu Ming Yi): Mail an »Nettime-bold« am 8. März 2000 – www.nettime.org.

echten Seiten völlig nachgebaut, nur mit anderem Inhalt. Im Herbst 2001 war *RTMark* in den Streit um die Domain *gatt.org* involviert. *Gatt.org* ist ein Nachbau der Website der World Trade Organisation, mit demselben Corporate Design – Logos, Grafik, Schriften – aber mit veränderten Inhalten.

»Corporate Consulting for the 21st Century« ist ein weiteres Hauptthema von *RTMark*. Sie bieten Geschäftsideen und Konzepte in Form von Fonds an. In sämtliche Projekte kann via Internet investiert werden. Eine Mailingliste vernetzt die Interessenten und hält sie über die Entwicklung der Fonds auf dem Laufenden. Die Dividende wird in Form von kulturellen Verbesserungen an die Menschheit ausgeschüttet, so *RTMark*. Einer dieser Fonds ist das Projekt *NAFT*. Ein Herkunftsformular des North American Free Trade Agreement (NAFTA) soll die mühsame Einwanderungsprozedur der Vereinigten Staaten ersetzen. Wenn Produkte unter den NAFTA-Bestimmungen frei zwischen Kanada, den USA und Mexiko zirkulieren können, dann müssen es Menschen zu denselben Bedingungen auch können, so die Schlussfolgerung der *NAFT*-Betreiber. Ziel des *NAFT*-Fonds ist, dass mehrere Menschen mit dem NAFTA-Herkunftsformular die US-kanadische oder die US-mexikanische Grenze passieren, und darüber muss in den Medien berichtet werden. Denn: Ohne Medienberichte keine Medienaktivisten.

Vote Auction

James Baumgartner, ein Student der Politologie in New York, hatte Anfang 2000 die Website *voteauction.com* konzipiert: Die User konnten ihre Stimme auf der Site deponieren, am Tag der US-Präsidentenwahl sollten die Stimmen versteigert werden. Der Meistbietende sollte dann die auf der *Vote Auction*-Seite deponierten Stimmen, nach Bundesländern gesammelt, erwerben können. *Vote Auction* bot das Forum, um die Versteigerung und die Sammlung der Daten abzuwickeln. In den USA sind

Wahlkampfspenden in Millionenhöhe von Firmen üblich, eine unausgesprochene spätere Verpflichtung jedes Präsidenten der Wirtschaft gegenüber. Auf diese Praxis zielte Baumgartner mit *Vote Auction* ab. Als in Chicago wegen Wahlbetrugs gegen James Baumgartner interveniert wurde, gab er die Domain weiter. Über Vermittlung von *RTMark* erhielten *Ubermorgen.com* die *Vote Auction*-Domain zur Verwaltung. Und damit alle Schwierigkeiten. Die Domain wurde durch Gerichtsbeschluss gesperrt, *Ubermorgen* gelang es, unter *Vote-auction.com* eine neue Site einzurichten. Baumgartner und *Uebermorgen.com* bezeichneten *Vote Auction* als Persiflage, die Wahlbehörde sprach von Wahlbetrug. Die Richter hatten eine Unterscheidung zwischen Fact und Fiction, zwischen Persiflage und Wahrheit zu treffen. Die Medienberichte über *Vote Auction* waren beachtlich.

Im Frühjahr 2001 organisierten *Ubermorgen.com* für Christoph Schlingensiefs *Hamlet*-Inszenierung am Schauspielhaus Zürich die Website *naziline.com*. In diesem Kontext stellten sie auch eine Fälschung der Website des deutschen Innenministeriums unter *www.bmdi.de* ins Netz. Schlingensief, selbst Meister des Culture Jamming im analogen Raum, engagierte für *Hamlet* Neonazis als Schauspieler, um so zu deren Resozialisierung beizutragen. Dass das deutsche Innenministerium diese Aktion unterstützte, erschien durchaus logisch, war doch ein innenpolitischer Schwerpunkt die Bekämpfung der rechtsradikalen Szene. Oder? Alles erlogen? Alles wahr? Die richtige Website des Bundesministeriums findet man jedenfalls unter www.bmi.bund.de (Corinth).

Gespräch mit Ubermorgen.com

Ubermorgen.com sind das frühere *Etoy*-Mitglied Hans Bernhard und Maria Haas. Die beiden arbeiten unter den folgenden Namen: hans_extrem [a.k.a. etoy.BRAINHARD, etoy.HANS, net_CALLBOY, h_e, luzius a. bernhard] und: lizvlx [a.k.a. liz haas, maria haas, elisabeth m. haas].

Christine Böhler: Erzählt mir über eure Arbeit.

Liz: (lacht). Das ist eine Frage wie während *Vote Auction.* Da haben dauernd Journalisten angerufen und gesagt: »Tell me about your work. Just give me a rough overview.«

Hans Extrem: Also, um vielleicht bei *Etoy* anzufangen. Schon da hat uns die Verbindung zwischen Netz, Kunst und Wirtschaft interessiert. Wir haben eine Corporate Identity angenommen, haben uns gebrandet, haben das Spiel der multinationalen Konzerne gespielt. Übers Netz hatten wir die Möglichkeit, genauso präsent und genauso stark zu sein wie Coca-Cola oder Nike oder irgendwelche Riesenkonzerne. Weil du damals [1994, 1995] im Netz fast immer nur grauen Hintergrund, Bild und Text hattest. Du musstest nur einen Dotcom-Namen haben, und du musstest nur besser branden als die anderen.

Vor zwei, zweieinhalb Jahren haben Liz und ich begonnen, zusammen zu arbeiten.

Ich schreibe eine Dissertation über *Media Hacking. Affirmative Strategien.* Da geht es genau darum, dass du als Künstler ganz einfach dieselben Methoden verwendest und den Spieß umdrehst. Das haben wir bei *Vote Auction* gemacht. Das war ein Projekt, das eigentlich über die Vermittlung von *RTMark* an uns herangekommen ist. Ein amerikanischer Student, James Baumgartner, hat das Konzept entwickelt. Der wurde dann auch gleich vom Staat bedroht, nicht offiziell, aber mit Telefonanrufen und so. Das haben wir auch schon erlebt. Mit dem deutschen Innenministerium während dem Nachbau von deren Website.

James hat das Projekt gemacht, *RTMark* hat einen Link zu uns gelegt. Im Mai 2000 haben wir die DNS übernommen. James hat weiter mitgearbeitet. Dann vor den Wahlen hat sich alles überschlagen. Wir haben nur mehr Pressearbeit gemacht und Geschichten erzählt. Es ist also auf der einen Seite nur mehr um das Erzählen von Geschichten gegangen, auf der anderen Seite darum, eine Website fast statisch zu managen mit nur kleinen Veränderungen. Dann ging es um Sicherheit, das heißt, wir mussten die Leute schützen, die sich eingetragen haben und ihre Stimme verkaufen wollten.

Liz: In der Zeit sind auch zwei von unseren Servern gehackt worden, auf die ganz Mühsame. Das Problem hatten wir davor nie, ist uns ziemlich teuer gekommen.

Hans: Das ging dann so weiter. Wir sind aufgewacht am Morgen und dachten uns, heute könnte man mal in die Richtung denken, und haben dann Interviews gegeben und Geschichten *on the fly* entwickelt. Mit der Zeit hat sich herausgestellt, dass wir eine Holding Company vertreten, dass wir deren Vertreter nach außen sind und die anderen Beteiligten im Dunkeln bleiben wollen. Das hat nie jemand hinterfragt oder angezweifelt. Auch sicher nicht recherchiert.

Du hast den Journalisten was erzählt, du wusstest, von welcher Zeitung sie kommen, wusstest, welche Interessen sie verfolgen. Dann hat man genau gesehen, was er oder sie genommen hat und wie es in einen Kontext gesetzt wurde.

Liz: Am Anfang ist das noch langsamer gegangen, da hatten wir Zeit, uns etwas zu überlegen, und dann waren da ja auch die User. Dann irgendwann hast du nur mehr zusammenfassen müssen, reagieren auf die Fragen der Journalisten. Du hast dir gedacht, naja, das ist ja auch kein uninteressanter Aspekt. Wir haben viele Geschichten erzählt von Wahlbetrügereien, die schon passiert waren.

Es wurde alles immer absurder. Eine Beamtin von einem amerikanischen Court hat Hans mal am Flughafen beim Einchecken am Handy erwischt und ihm gesagt, er dürfe jetzt nicht auflegen, denn sie müsse ihm was vorlesen, das wäre die richtige Zustellweise, hätte der Richter gesagt. Als Hans dann aufgelegt hat, haben sie versucht, ihm ein 99-Seiten-Dokument auf den Communicator zu schicken. Der hat 1 MB Speicher …

Unser Provider, der Silverserver, hat auch extrem unter Legal Spam gelitten. Die waren ja auch überall mit angeklagt. Es wurden ihnen ständig alle möglichen Dokumente durchgefaxt, richterliche Schriften mit notariell beglaubigten Ausdrucken von der Website.

CB: Wollten sie die Website sperren? Der Server unterliegt ja österreichischem Recht, wenn er in Wien ist.

Hans: Voteauction.com haben sie wegbekommen, denn die Domain wurde in den USA verwaltet. Die Domainbank hat uns noch aufgefordert, wir sollten ihnen innerhalb von 24 Stunden eine Bankgarantie über 100000 US-Dollar vorlegen, falls wir in den Rechtsstreit gingen. Dann hätten sie für uns gekämpft. Das haben wir nicht gemacht.

Unser Paranoia-Level ist ziemlich gestiegen, wir gingen davon aus, dass das FBI oder irgendwelche Geheimdienste auf unserem Rechner unterwegs sind. Die sind einfach auf einem anderen Level unterwegs, die sind *break and entry* und du merkst das gar nicht. Deshalb haben wir etwa die Userdaten irgendwann gelöscht und dann nicht mehr gespeichert.

Liz: Das war ja auch zum Brüllen. Da war dieses Mega-Interface für die User auf der Seite, um die Daten einzugeben. Es hat aber nie jemand daran gedacht, dass es vollkommen unklar ist, was für Daten das sind und von wem sie eingegeben wurden. Auch wenn du als User durch Javascript dazu gezwungen wirst, etwas einzugeben, sagt das überhaupt nichts darüber aus, wer die Daten eingegeben hat oder welche Leute die Seite gesehen haben. Oder das Logo von *Vote Auction,* das wurde ein Beweisstück. Das war schon toll, du designst ein Logo und dann wird das ein Beweisstück.

Hans: Es gibt da zwei Levels. Auf der einen Seite hatten wir es mit den 13 obersten Staatsanwälten der jeweiligen Bundesstaaten zu tun, deren Stempel und Insignien wir jetzt in der Kunst verwenden werden. Die begreifen die Technologie nicht, können nicht einschätzen, mit was sie es zu tun haben. Sie waren teils superaggressiv, wie die Kalifornier, oder

freundlich, wie die aus Massachusetts. Irgendwann kannst du das alles gar nicht mehr ernst nehmen.
Die Geheimdienste, die Bundespolizei, die sind anders. Die kennen sich aus. Die sind auch nie aufgetreten. Das FBI ist nur einmal bei James Baumgartner aufgetaucht.
Dann sind die Dinge kollidiert. Am Höhepunkt der Sache, kurz vor dem 7. November 2000, hat James gesagt, dass die ganze Sache ein Fake sei, damit ist er an die Presse gegangen. Der Journalist, der das ganze gepusht und entdeckt hat, wollte kurz vor dem 7. November darüber schreiben, dass es ein Fake sei. Das hatte er von uns exklusiv. Wir haben zu dem Zeitpunkt schon über 2000 Artikel und Newsfeatures gehabt. Also kamen Anrufe, ob das nun ein Fake sei oder nicht. Wir haben gesagt, das sei ernst gemeint, und zu der Aussage von James sagten wir, das können wir nicht kommentieren, denn der sei in einem laufenden Prozess.

Liz: Man brauchte sich keine einzige Antwort auszudenken, du brauchtest nur *CNN* zu schauen.

CB: Habt ihr dann zugegeben, dass es ein Fake ist?

Liz: Wir haben oft geantwortet, dass es beides sei. Einerseits ein interessantes Feld, über das wir nachdenken, auf der anderen Seite würden wir schauen, wie man ein Business daraus machen könnte. Dann kam meistens die Frage, ja macht ihr denn Geld damit? Wenn man ein Business neu anfängt, dann muss man erst einmal investieren und schauen, ob es funktioniert. Auktionstag war der 7. November, da wollten wir die Auktion so spät wie möglich am Abend machen, denn da erwarteten wir die besten Preise. Als wir uns überlegt haben, wie wir das Ganze jetzt auflösen sollen, ist in Florida dieses totale Desaster losgegangen. Und damit mussten wir gar nichts mehr tun, denn die Amerikaner haben es ja selbst weitergeführt.

Hans: Die Domain *voteauction.com* wurde uns fünf oder sechs Tage vor dem 7. November weggenommen. Die Staatsanwälte haben aber unsere mediale Power völlig unterschätzt. Sobald wir nicht mehr erreichbar waren, ist der Hype explodiert und wir konnten 200 Presseartikel platzieren mit der IP-Adresse darauf. Sie wollten, dass wir nicht erreichbar sind an dem Tag, das haben sie aber nicht geschafft.

Liz: Wir haben noch mindestens 200 Subdomains gehabt, und ganze Websites, die dann ihren Traffic zu uns weitergeleitet haben. Hätten sie die Site am 6. November abgedreht, wäre es zu kurzfristig gewesen. Aber ein paar Tage vorher … da hatten wir Luft.

Hans: Das Ganze war wie ein Krimi. Wir würden da auch gern was daraus machen in der Richtung. Was herausgekommen ist, war das, was James wollte: die Wahlkampffinanzierung aufs Korn nehmen. Uns hat das nicht so interessiert, bis wir gemerkt haben, wie sehr der Fisch stinkt – als der amerikanische Secretary of State eine Aussage machte auf *CNN*. Auf die Frage einer Journalistin, wo der Unterschied zwischen Satire und einem Verbrechen sei, antwortete der Staatssekretär, das sei in dem Fall gleich zu bewerten. Darauf folgte die Frage nach dem Unterschied zwischen den fünf Millionen US-Dollar, die Microsoft an beide Kandidaten gegeben habe, und dem, was *Vote Auction* mache. *Vote Auction* hat ja niemanden bezahlt, sondern nur eine Plattform geboten. Darauf antwortetete der Staatssekretär: »It is different because it is fundamentally different.« Das haben wir dann sofort zum *Vote-Auction*-Slogan gemacht.

CB: Diese Spiel mit »Fact and Fiction«, warum kann das wohl funktionieren?

Hans: Eine der Grundstrategien ist, und ich bin fast überzeugt, dass Gruppen wie *RTMark* oder *Irational* ähnlich operieren: Es basiert immer auf einer wahren Geschichte. Auf einem Gefühl oder irgendetwas, das passiert ist. Auf einer realen Referenz. Wir haben immer die Realität als Basis genommen und dieses Spiel gespielt. Für mich ist es ein Kontext-Game. Das Netz war da die Erleuchtung. Media Hacking ist ja alt, da kannst du ewig zurückgehen, Till Eulenspiegel etwa. Sobald Kommunikation da ist, gibt es Missverständnisse,

Manipulation, Kontext, der verschoben wird. Wir tun nichts Neues.
Ich komme ja vom Text. Ich schreibe auch, habe es probiert, hab mich hingesetzt. Ich habe gemerkt, dass ich kein Buch in der Form schreiben werde, wie ich es mir vorstelle. Ich hab es gemacht, aber eben nicht in der Form. Es ist eine Frage der Historiker, der Kunst- und der Literaturkritik, als was sie es akzeptieren werden. Ich brauche die Referenz dann ja auch, um zu sagen, ja, das ist eine Art von neuer Geschichtenerzählung, wir arbeiten mit modernen Mythen, mit Facts und Fiction.

Ubermorgen beziehen sich also auf die alte Schelmenfigur Till Eulenspiegel. Damit stellen sie ihre Arbeiten in einen Kontext gesellschaftskritischer Ironie. Ähnlich wie Till Eulenspiegel agieren *Ubermorgen* und die anderen Medienaktivisten an einer gesellschaftlichen Bruchlinie. Bei Till Eulenspiegel war das der Übergang vom Mittelalter zur frühen Neuzeit, von der oralen Erzähltradition zum Buchdruck und damit zum Roman. *Ubermorgen, RTMark, wu-ming* und all die anderen agieren am Übergang von der nationalstaatlichen zur gobalen Gesellschaft, an der Bruchlinie der eher statischen Kommunikations- und Erzählhaltung des Buchdrucks zur dynamischen der digitalen Netze. Die Mittel bleiben gleich: Gesellschaftskritik durch das Spiel mit Kommunikation und ihren Missverständnissen, durch das übertriebene Wörtlichnehmen von Realität.

4. Roberto Simanowski: Geburt und Entwicklung der digitalen Literatur

1. Neue Wettbewerbe für eine neue Literatur

Am 15. 12. 2000 gibt Claudia Klinger in der Mailingliste *Netzliteratur.de* ihrem Unmut über eine Umfrage zur Internet-Nutzung Ausdruck. Die Forschungsgruppe Wahlen, die in Kooperation mit *ZDF.MSNBC* eine neue Forschungs-Plattform im Internet startet, hatte in einem Fragebogen wissen wollen, in welcher Form der/die Angeschriebene das Internet nutze, und dabei folgende Auswahl vorgegeben: »Nachrichten über Politik/Nachrichten über Wirtschaft/Nachrichten über Sport/Suchmaschinen/Preisvergleich/Einkaufen/Homebanking/Online-Brokerage/Versicherungen/Auktionen/Spiele/Musik hören oder runterladen/Urlaubs- und Reiseplanung/Stellenangebote«.

Das ist schon eine ganze Menge, und doch fehlt eigentlich alles, was das Internet einmal ausmachte. Keine Sparte für Kommunikation auf den verschiedenen Webboards, für Selbsthilfegruppen oder Gedankenaustausch, ganz zu schweigen von kulturellen Netzprojekten. Als sei das Netz nicht mehr als eine digitale Mall.

Die in der Umfrage eingenommene Perspektive kommerzieller und konsumtiver Nutzung verwundert eigentlich kaum, ebensowenig erstaunt der Verdruss der Webaktivistin, die seit 1996 mit ihrem *digital-diary* und anderen Netzprojekten auf sich aufmerksam macht. Beides ist symptomatisch: Es gibt unterschiedliche Ansichten über das eigentliche Potenzial des Internet. Und im Jahre 2000, da das Internet längst nicht mehr Tummelplatz einiger Freaks, Hacker und Künstler ist und da die Universitäten es längst aus ihrer Obhut ins Reich kommerzieller Nutzung entlassen haben, widerspiegelt jene Frageausrichtung sehr genau den Wandel, den das einst anarchische Medium inzwischen erfahren hat.

Natürlich konnte Claudia Klingers Mail in der Mailingliste *Netzliteratur.de* mit einer ganz anderen Perspektive und Erwartungshaltung rechnen, entstand diese Diskussionsplattform doch gerade aus dem Aufruf, das Potenzial des Internet in ästhetischer Hinsicht zu nutzen, das heißt: Netzliteratur zu erstellen. Unter diesem Namen firmierte jedenfalls der Wettbewerb, für den Ende 1995 die *ZEIT* um Beiträge warb. Dieser von *ZEIT* und IBM sowie später auch *ARD Online* und *Radio Bremen* getragene Wettbewerb lud »zum Spiel mit den Grenzen zwischen Schrift, Datensatz, Bild und Grafik« ein und forderte, die Ausdrucksformen und technischen Möglichkeiten der Computernetze aufzunehmen und kreativ zu benutzen, verlangte aber auch, dass es sich bei den Beiträgen »nach wie vor um Literatur« handeln müsse, mit dem Zusatz: »um welche Art von Literatur allerdings, ist völlig offen«.[5] Das war vage genug, um viele zu interessieren und somit schließlich zum Geburtshelfer der deutschen Netzliteratur-Szene zu werden. Der Wettbewerb hatte ein neues Thema aufgeworfen und mit seinen 178 Beiträgen eine Menge Diskussionsstoff hinterlassen.

Die Unzufriedenheit, aber auch Ratlosigkeit der Jury am Ende des Wettbewerbs äußerte sich in ihrer Doppelklage über die mangelhafte Qualität der Einsendungen sowie über den Mangel an Kriterien, mit denen dies beschrieben werden könne. »Viel Jux, kaum ein Hauch von Bekenntnis-, von Betroffenheitskultur. Oder, andersherum und unfreundlicher gesagt: Oft schien da die Lust am Spiel jede Neugier auf eigene Erfahrung ausgelöscht oder eben: überspielt zu haben«, so der Literaturwissenschaftler Reinhard Baumgart, der seine Laudatio mit einem Verweis auf Friedrich Schlegels Athenaeumsfragment 216 von den drei großen Tendenzen des Zeitalters begann, unter denen sich neben

[5] Beiträge und Dokumente des Wettbewerbs werden nicht mehr auf dem Server der *ZEIT* zur Verfügung gestellt, werden aber unter www.textgalerie.de/pegasus.htm von Netzaktivisten zum Download bzw. als CD-ROM angeboten.

einer Revolution (die Französische) und einer Philosophie (Fichtes Wissenschaftslehre) auch ein Roman (Goethes *Wilhelm Meister*) befand. Baumgart machte deutlich, dass im vorliegenden Fall von einer literarischen Revolution nicht die Rede sein könne: »Das Internet hat uns eine Fortsetzung der Literatur mit anderen Mitteln vorgeführt. Und selbst diese anderen Mittel erinnern an vieles, was der Literatur seit hundert, zweihundert, ja zweitausendfünfhundert Jahren geläufig war.«

Vielleicht griff der gesetzte Maßstab zu hoch – und zudem fehlten die Jenenser Jünger, die Goethes *Meister* zum Meisterwerk erklärten –, vielleicht ist auch die Aussage über die Wiederholung der Literaturgeschichte zu differenzieren – der Gelehrte wird immer Vorläufer finden, selbst für diese noch, wenn er lang genug sucht –, eines war Tatsache: Ein Großteil der Einsendungen war einfach Text, der nichts mit dem digitalen Medium zu tun hatte und mitunter sogar auf jeglichen Alibi-Link verzichtete. Und dies blieb Tatsache auch fünf Jahre danach beim Wettbewerb von dtv und T-Online.

Was die Kriterien der Evaluation betraf, so verfügte man über diese auch zur zweiten Runde des Wettbewerbs 1997 nicht, als 170 Arbeiten zu begutachten waren. Der vermittelten Enttäuschung – »Er ist im Netz der Netze noch nicht aufgetaucht, der Online-*Ulysses*« – folgte das Eingeständis, dass man gar nicht so recht wisse, woran seine Ankunft zu erkennen wäre. In der Laudatio fragt der Literaturwissenschaftler Hermann Rotermund: »Wie kann entschieden werden, welcher Beitrag die beste ›Internet-Literatur‹ ist? Gibt es überhaupt Internet-Literatur? Muss nicht von vornherein ein neuer Name für eine dem neuen Medium adäquate Kunstform gefunden werden, die Schrift und Text zwar einbezieht, aber nicht notwendig auf ihnen basiert?« Immerhin war klar: »Lyrik, die durch eine Hypertext-Navigation zusammengebunden wird und nicht durch einen Klebeeinband, bleibt Lyrik, nur unbequemer zu lesen als im Heft.« Mit der Betonung des ausgebliebenen »hypermedialen Großwerks, das seinen staunenden Lesern, Betrachtern und Hörern 24 Stunden

Erlebniszeit anbietet und abzwingt«, führte Rotermund den deutschen »Netzliteraten«, durchaus bewusst ein wenig provozierend, »die Fall- oder besser: Reichhöhe vor Augen [...], die sie noch von bemerkenswerten ästhetischen Produktionen trennte« (Rotermund).

1998 schließlich wurde in der Laudatio über das Erscheinen des neuen Homer oder James Joyce geschwiegen. Vielleicht, weil diesmal zwei multimediale Werke ausgezeichnet wurden und die Frage anstand, ob man nicht eher auf einen Raffael, Wagner oder Christo wartete; vielleicht auch, weil die Laudatorin, Susanne Berkenheger, die Preisträgerin des letzten Jahres war und die Ausschau nach der Vaterfigur des Dichtens eher eine Sache der Literaturwissenschaftler als der Poeten selbst ist. Die beiden prämierten Werke wären – auch das ist bemerkenswert – ein Jahr zuvor jedenfalls wegen Überschreitung der erlaubten Größe disqualifiziert worden, denn damals wurden in der Ausschreibung noch 25 KB Text, 75 KB Bilder & HTML-Code sowie 100 KB Java, Plugins und Sounddateien als Höchstmaß festgelegt. Das war zwar insgesamt schon eine Verdreifachung gegenüber 1996 gewesen, hatte dem Experiment mit dem neuen Medium jedoch weiterhin rigide Grenzen gesetzt und selbst der allein mit Text arbeitenden Preisträgerin von 1997 Kürzungen auferlegt (Berkenheger). Schon durch diese Vorgabe waren Beiträge favorisiert worden, die im Paradigma des Wortes verblieben. Darüber hinaus riet 1997 auch das Rundschreiben des Projektbetreuers Michael Charlier jedem Preisanwärter, sich vor allem der Arbeit am Wort zu widmen, denn zwar hatten die Teilnehmer des ersten Wettbewerbs, so hieß es, die Vorstellung der Jury »davon, wie sich Sprache, Schrift, Bild und Lesegewohnheiten im World Wide Web entfalten koennen, ueber alle Erwartungen hinaus erweitert«, die Grundverabredung galt aber weiterhin: »Das Internet ist – trotz seiner bunten, multimedialen Unterabteilung, des World Wide Web – im Kern immer noch ein sprachliches Universum: E-Mail, Newsgroups, Mailinglisten und die Newsangebote des WWW – all das lebt von der Kraft (oder Schwaeche) des Worts und kommt ohne Bilder und Toene aus.«[6] Erst 1998, als schließlich Einsendungen von bis zu 1 MB zugelassen waren, trug man der Entwicklung der technischen Voraussetzungen, die zunehmend andere Sprachen als die des Wortes zuließen, Rechnung und öffnete im Rahmen des Wettbewerbs einer neuen Runde der Entwicklung digitaler Literatur das Tor.

Diese Entwicklung konnte inzwischen auf einer Community aufbauen, die sich im Gefolge des ersten Wettbewerbs gebildet hatte. Damals, 1996, gründete Sven Stillich die Mailingliste *Netzliteratur.de*, in der sich die Kritiker des Wettbewerbs – »nicht selten von den altbackenen Zielvorstellungen enttäuschte Teilnehmer« (Schröder) – sowie die Veranstalter selbst und einige engagierte Wissenschaftler und neugierige Journalisten zusammenfanden. Mit dieser Diskussionsplattform begann das eigentliche Abenteuer Internet-Literatur, so Dirk Schröder, der in der Nachfolge Stillichs und als Vorgänger Oliver Gassners die Mailingliste betreute. Der 1996er Wettbewerb wirkte gemeinschaftsbildend und als Multiplikator entsprechender Fragestellungen und Orientierungen. Da der Wettbewerb zugleich auf zunehmendes Interesse stieß – so dass 1998 ein Jugendwettbewerb e-generation eingeführt wurde, der den 343 Beiträgen des allgemeinen Wettbewerbs noch einmal 82 hinzufügte – und da einige Autoren digitaler Literatur tatsächlich erst durch den Wettbewerb zu entsprechenden Schreibexperimenten motiviert wurden (Klötgen), kann man sagen, dass die Initiative einer Zeitung und eines Computerunternehmens – pointierter: das Interesse des alten Mediums am neuen, angeregt durch einen Produzenten des neuen – die literarische Szene der deutschen digitalen Literatur ins Leben gerufen hat.

[6] Charlier macht aber auch deutlich, dass »reiner Text, der sich ohne jeden Verlust auf Papier ausdrucken lässt«, keine Aussichten auf Erfolg hat, und setzte damit ein klares Zeichen zugunsten des (literarischen) Experiments mit dem digitalen Medium. Charliers Text ist auszugsweise wiedergegeben in: Schröder.

So monokausal ist die Entstehung des Feldes digitaler Literatur freilich nicht erklärbar. Natürlich gibt es parallel und vorgängig Ereignisse, die die Entwicklung einer Szene von Netzliteraturen vorantrieben. Was den deutschsprachigen Raum betrifft, so vermerkt Beat Suter zum Beispiel Catherine de Courtens englisch und deutsch gehaltenes Schreibprojekt *KaspaH's Home* von 1994, in dem KaspaH als Bewohner des Cyberspace vorgestellt wird, der keine Erinnerung an sich selbst besitzt und nun die Mitwelt um Hilfe bittet – Catherine de Courten sendet 40 E-Mails an unbekannte Adressaten, fünf Angeschriebene reagieren und lassen KaspaH in ihren Gesprächen skizzenhaft Gestalt annehmen (Suter 1999). Ein anderes frühes Projekt ist das poetische Hypertext-Essay *Die imaginäre Bibliothek* von Heiko Idensen und Matthias Krohn, das bereits 1990 für die Ars Electronica in Linz entstand und als Online-Version 1994 ins Internet gestellt wurde: Hier werden Texte unterschiedlicher Art zum Thema Bibliothek zu einem Hypertext-Geflecht zusammengeführt und als multilineares Leseabenteuer angeboten (vgl. Idensen 1996 und 1999). Suter nennt weitere »Hyperfiction- bzw. Netzliteratur-Pioniere«, die parallel zur ersten Phase der rasanten Ausbreitung des World Wide Web 1994–96 im deutschen Sprachraum den Grundstein einer vernetzten Szene von interessierten Lesern und kooperierenden Autoren bildeten: Sven Stillich, Martina Kieninger, Dirk Schröder, Hartmut Landwehr, Burkhard Schröder, Claudia Klinger, Olivia Adler, Olaf Koch, Klaus Dufke, Martin Auer, Walter Grond, Sven Sander, Norman Ohler, Reinhard Döhl, Johannes Auer (Suter 1999).

Neben diesen Initiativen in den digitalen Medien muss man freilich auch die Initiativen in den traditionellen Medien in Rechnung stellen. So erschienen 1996 die beiden Sammelbände *Literatur im Informationszeitalter* (Matejovski/Kittler) sowie *Hyperkultur. Zur Fiktion des Computerzeitalters* (Klepper/Mayer/Schneck), die sich beide mit ersten Beiträgen an das

Thema digitale Literatur herantasteten. Bereits im April 1995 fand das erste Festival der Netzliteratur im Rahmen der Softmoderne im Berliner Klubhaus Podewil statt und verschaffte so der neuen Literaturform in den digitalen Medien die Aufmerksamkeit der alten. 1997 lud die Hartmoderne zur »Positionsbestimmung neuer Literatur in der Informationsgesellschaft« ein, sprach vom »Guerillakrieg im Gutenbergdschungel« und ermunterte zur Veränderung der »überkommenen Hierarchie des Betriebssystems Literatur«.

Suter selbst ist ebenfalls ein wichtiger Faktor in dieser Entwicklung, denn seine Website *Hyperfiction* offerierte bereits seit September 1996 einen Textkorpus deutschsprachiger Hyperfiction sowie deutsch-, englisch- und französischsprachiger Linklisten, aus dem heraus die annoncierten und annotierten Werke bzw. Portale jeweils per Klick sofort zugänglich waren. Ein weiterer Meilenstein im deutschsprachigen Raum ist der am 1. September 1997 von Guido Grigat gegründete *Webring Bla,* der damals über 100 Websites zusammenschloss – im März 2002 sind es 255 –, wovon eine ganze Reihe sich allerdings herkömmlicher Literatur im digitalen Medium widmet. Ebenso sind Enno E. Peters kommentierte Linkliste zur Literatur im Netz zu nennen – 1995 im Netz und damit wohl die erste dieser Listen – sowie Oliver Gassners *Links zur Literatur,* eine überaus wichtige Ressourcenquelle u.a. zu Literaturprojekten, Webzines und Verlagen, die Ende 1996 online ging und 1997 eine Sonderauszeichnung des *ZEIT*-Internet-Wettbewerbs erhielt. Seit Juni 1996 betreibt Wolfgang Tischer das *Literatur-Café,* das neben Beiträgen zu Literatur und literarischem Leben außerhalb der digitalen Medien auch Berichte zur digitalen Literatur enthält. 1998 ging Sabrina Ortmanns und Enno E. Peters *Berliner Zimmer* online, eine breit angelegte Website, die u.a. über Netzliteratur berichtet. 1999 ist der Startpunkt von *dichtung-digital,* dem »Magazin zur digitalen Ästhetik«, das neben theoretischen Beiträgen und Interviews mit Machern, Kritikern und Förderern digitaler Literatur und Kunst auch konkrete Besprechungen anbietet. Das zunehmende Interesse am Thema Literatur und neue Medien spiegelt sich auch in der Durchführung verschiedener Symposien, Workshops und Wettbewerbe.[7]

Was die Wettbewerbe betrifft, so gab es bis zum Jahr 2000 jedoch kaum Fortschritte gegenüber dem erreichten Stand von Pegasus 98. Die Gründe für nicht befriedigende Beiträge mögen unter anderem darin zu suchen sein, was Christian Ankowitsch am 17. Mai 2000 auf der Tagung Netzliteratur im Grazer »forum stadtpark« für die ZEIT-Wettbewerbe resümiert: Es haben »keine Autoren teilgenommen, deren Namen man aus der offline-hardcover-snailbook-paperback-Welt kennen würde«, ausgenommen Rainald Goetz, der mit seinem Internet-Tagebuch *Abfall für alle* zwar kein preiswürdiges Beispiel digitaler Literatur vorlegte, aber doch unter die sechs Lektüreempfehlungen der Jury geriet. Besieht man sich die Preisträger der *ZEIT*-Wettbewerbe – Chemiker, Elektrotechniker, Programmierer –, ist man versucht, mit Ankowitsch zu sagen: »Die Internet-Literatur, so sie denn diesen Namen verdient, wird von Chemikern und Physikern vorangetrieben.« Befragt, ob die bekannteren Autoren traditioneller Literatur den Wettbewerben fernblieben, weil sie in der Technik den natürlichen Feind der Literatur sahen, antwortet Rotermund, Jurymitglied 97 und 98: »Das will und kann ich nicht unterstellen. Es würde auch bedeuten, dass diese Autoren die technische Umgebung, in der sie ihre Literatur produzieren, nicht wahrnähmen. Und viele Autoren gehen ja virtuos mit der Technik des Typographeums um und reflektieren die Produktionsbedingungen der Buch- oder Zeitschriftenherstellung. Ich nehme vielmehr an, dass viele Autoren sich vor drei oder vier Jahren noch überhaupt nicht mit den Möglichkeiten digitaler

[7] Hier sei nur auf die Symposien *Digitaler Diskurs* (1999) und *InterSzene* (2000) verwiesen sowie auf den *Ettlinger Internet-Literaturwettbewerb* (1999), den *Linzer Marianne-von-Willemer-Preis* (2000), den *Internet-Literaturpreis zum Millennium* sowie den *Liter@turwettbewerb von ARTE* (2000).

Literatur auseinandergesetzt hatten – und dass diejenigen, die es bis heute getan haben, bewusst nicht Gehversuche auf einem noch kaum markierten Gelände machen.« (Rotermund)

Im Jahre 2000 hatte sich die Situation nur zum Teil gewandelt. Inzwischen gab es zwar eine Menge bekannter Autoren im Netz, aber noch immer keinen Homer oder Wagner der digitalen Literatur. Rotermund dazu: »Die Entdeckung des Internet als öffentlichen Previewer für die eigene Kladde (im Falle von Goetz sogar preisgekrönt) ist bislang nicht mit der Entdeckung und dem Ausprobieren der spezifischen Möglichkeiten digitaler Literatur einhergegangen. Web-Anthologien wie *Null* waren und sind Sammelstellen traditioneller Literatur, und es gilt wohl für eine Weile als chic, dort mit einer Arbeit vertreten zu sein. Für mich bleibt die Frage offen, ob die Wegmarkierungen der künftigen digitalen Literatur von Konvertiten oder Doppelbegabungen gesetzt werden oder von genuinen Produzenten digitaler Literatur ohne Vergangenheit im Typographeum.«

3. Netzliteratur und Literatur im Netz

Bei den erwähnten Projekten handelt es sich zum einen um Rainald Goetz' im Netz öffentlich geschriebenes Tagebuch *Abfall für alle,* das 2000 schließlich bei Suhrkamp ins Printmedium Buch überführt wurde, sowie um das von Thomas Hettche initiierte Schreibprojekt *NULL,* in dem vom 1. 1. bis 31. 12. 1999 verschiedene Autoren verschiedene Texte zu verschiedenen Themen in unterschiedlichster Form ablieferten, und das 2000 im Dumont Verlag ebenfalls seine Bestimmung fand. Bei *Abfall für Alle* wird der Computer lediglich als Schreibmaschine benutzt und der Text online sofort öffentlich gemacht. Dies ändert das Genre Tagebuch in der Printform immerhin insofern, als sich die gedruckte Fassung nicht von der digitalen unterscheiden darf und somit keine Möglichkeit nachträglicher Retuschen besteht. Die in der Online-Publikation vorliegende fast absolute Identität des erzählten Ichs mit dem erzählenden geht ins andere Medium über; das Netz ist anwesend noch in der Buchfassung.

NULL trat schon mit deutlicher formuliertem Anspruch auf, Netzliteratur zu sein, und einige Zeitschriften sprachen denn auch von einem »Mammutprojekt der Netzliteratur« (*FOCUS*), vom »bislang ambitioniertesten Projekt im Internet« (*Abendzeitung*), das »die Netzliteratur endlich aus ihren Windeln bringt« (*Badische Zeitung*) (Hettche/Hensel, 9). Das waren freilich große Worte für ein Projekt, das Beiträge – kleine Geschichten, Notizen, Kommentare zum Zeitgeschehen, Zeichnungen, Gedichte – in der Reihenfolge ihres Eintreffens – zumeist als E-Mail oder auf Diskette, mitunter aber auch als Fax oder gar handgeschriebene Postkarte – in HTML-Format brachte, ins Netz stellte, notdürftig durch Links verband und meinte, damit eine Autorengeneration zu repräsentieren, »für die erstmals die Rituale des Bleistifts nicht mehr gelten« (Hettche/Hensel, 17). Kritischere Berichterstatter merkten denn auch bald den Schwindel und monierten, dass die Autoren an den Möglichkeiten des Mediums vorbei nur aktuelles Rohmaterial und lang schon Liegendes zusammentrügen und Halbgares oder Banales durch die Aura des Unmittelbaren adelten (Friebe). Hettche war auf diese Vorwürfe vorbereitet, hörte er sie doch auch aus den eigenen Reihen, und begegnete der »Fama von der experimentellen Netz-Literatur, die möglichst multimedial und interaktiv zu sein habe« mit dem Bekenntnis zum unhintergehbaren geradlinigen Erzählen und mit Harald Taglingers Ausruf vom Ende der Revolution: »*NULL* ist die Abkehr vom Glauben an das Internet. So wie es keinen Glauben an Kassettenrekorder gibt.« – »Die Einsicht, dass es einer Online-Avantgarde nicht bedarf« (Hettche/Hensel, 9).

Die Argumentation gab sich pfiffig und zeigte doch nur, wie sehr man die Sachlage verkannte, wenn man die Analogie eines recht diskreten Aufzeichnungsmediums mit einem unendlich vernetzten Produktionsmedium bemühte. Das Internet entsprach, um im Bild zu bleiben, schon eher dem Radio, und dazu gibt es natürlich einen Glauben – und nicht nur in Brechts Rundfunktheorie. Aber wenn *NULL* auch nicht die ästhetische Avantgarde der Netzliteratur sein konnte, so ist es doch durchaus Symbol einer neuen Generation von Autoren, die den Meinungsträgern des traditionellen literarischen Felds ins Reich des Digitalen entflieht, um dort eigene Diskursformen zu etablieren. Hettche betont, dass »in der Nachfolge von *NULL*, dem ersten Ort jüngerer deutschsprachiger Literatur im Netz, gleich mehrere Foren von Autoren [er nennt *Am Pool* und *Forum der Dreizehn*] entstanden sind.« (305) Damit baut er natürlich auch schon ein bisschen am Gründungsmythos, der – In der Stunde Null war *NULL*! – sich gut vermitteln lassen wird. Wahr bleibt indes, dass auf der Website von *NULL* zum ersten Mal »die Möblierung des öffentlichen Raumes nicht mehr die Signatur einer anderen Generation« trägt, dass hier Hettche nicht mehr »Corino, Karasek und Hamm und Hage« lesen muss (304). Denn wenn der Diskurs zunehmend im neuen Medium erfolgt, verlieren jene, die im alten die entscheidenden Positionen besetzt halten, ihre Deutungsmacht. Bestes Zeichen dafür, dass sich Medienwechsel auch als Generationskampf ereignet.

Sowohl *Abfall für Alle* wie *NULL*, aber auch Polityckis im Netz präsentiertes work in progress am Roman *Marietta*, werden immer wieder gern als Beispiele der Netzliteratur herangezogen und sorgen dann regelmäßig für die missverständliche Schlussfolgerung, dass Netzliteratur ja nichts weiter sei als alter Wein in neuen Schläuchen. Man muss den Kasus ändern und statt von Literatur *des* Netzes von (traditioneller) Literatur *im* Netz sprechen. Natürlich beeinflusst der neue Präsentationsort das literarische Produkt, so wie auch der Computer als neuer Produktionsort den Schreibvorgang anders gestaltet als Schreibmaschine oder Feder. Aber erzeugt das andere Aufschreibesystem oder der andere Präsentationsort schon ein neues literarisches Genre?

Die Teilnehmer der Mailingliste *Netzliteratur.de* haben selbst ihren Teil zur Verwirrung beigetragen, denn auch hier finden sich unter den verschiedenen Selbstidentifikationsversuchen (www.netzliteratur.de/muster.htm) Bestimmungen, die auf Präsentations- und Distributionsaspekten aufsetzen. So erklärt Jan Ulrich Hasecke: »Das Netzige an der Netzliteratur ist ihre Distribution. Daher ist die Literatur am netzigsten, die von den meisten im Netz ohne besondere Plugins gelesen werden kann« (Mail vom 3.7.2001). Andere definieren Netzliteratur thematisch, wie Dirk Schröder – »Netzliteratur: werden ›Netzsagen‹ erzaehlt?« (Mail vom 3. 11. 99) – oder Claudia Klinger: »Internetliteratur ist von und für Netizens geschrieben, bzw. computiert, also von und für Leute, die die spezifischen Formen des Cyber-Life wahrnehmen und thematisieren, bzw. zum Ausdruck bringen« (http://home.snafu.de/klinger/lit/netlit.htm 1998). Dieser Akzent auf das Thema lässt sich übrigens auch im Hinblick auf Netzkunst finden, wenn zum Beispiel der *Net Art Guide* Künstler aufnimmt, »die mit dem ›Material‹ Internet arbeiten oder sich in ihrer Thematik auf das Netz beziehen.«

Solchen Begriffsbestimmungen steht der Ansatz entgegen, Netzliteratur im Hinblick auf die spezifische Ästhetik der zugrunde liegenden Technologie zu fassen. So ruft Sven Stillich beschwörend aus: »Das ist es doch, was Literatur im Internet ausmacht, ausmachen sollte! Etwas auszusagen, indem man die neuen Möglichkeiten ernst nimmt und sich ihrer bedient, um etwas Besseres zu machen als Texte zu verbreiten, die genauso gut und mit derselben Wirkung auf Papier ihre Leser fänden.« (www.provi.de/~stillich/tabula/9.htm) Diese Ausrichtung hätte schon 1996 eine Diskussion beenden können, die sich in den Folgejahren entwickelte und die noch heute in der Mailingliste *Netzliteratur.de* immer wieder einmal fruchtlos aufflammt.

Und selbst die Tatsache, dass man noch einmal eine Binnendifferenzierung vornehmen muss zwischen dem, was wirklich des Netzes bedarf, und dem, was auch auf unvernetzten Computern, Disketten oder CD-ROMs funktioniert, war recht früh bekannt. So mahnte Guido Grigat, »innerhalb des Begriffes ›Netzliteratur‹ das ›Netz‹ nicht zu verwechseln oder verwässern mit ›Computer‹ oder ›Hyperlink‹ [...] Also ist ein Netz nötig, um Netzliteratur zu erschaffen. (Bei der Produktion? Bei der Rezeption? Notwendigerweise bei beiden?)« (www.netzliteratur.de/gg.htm). Oliver Gassner erklärt ganz in diesem Sinne die kommunikativen Protokolle des Netzes – er nennt E-Mail, File Transfer, WWW, Chat – zum Lackmustest, mit dem Nachsatz, dass deren Einsatz *wesentlich* sein muss, d. h. der Text durch ihre Entfernung an entscheidenden Eigenschaften verlieren, seine Produktionsweise verschleiert und seine Rezeption sich ändern würde (www.netzliteratur.de/og.htm). Kennzeichnet die digitalen Medien insgesamt mediale Verschmelzung, Kombinatorik und Programmierbarkeit der Kommunikationsabläufe, so liegt Netzspezifik – zumindest im gängigen Verständnis des Begriffs Netz als Internet – allein in der Interaktion der zugleich oder zeitversetzt miteinander Verbundenen. In vielen Wettbewerbsausschreibungen ist dies nicht einmal den Ausrichtern bewusst, die von den Beiträgen internetspezifische Eigenschaften verlangen, dann aber netzunabhängige Merkmale wie Multilinearität und Multimedialität aufführen. Leistungsfähiger und unverfänglicher ist da der Begriff »digitale Literatur« als Dachbegriff für jene Gruppen der netzspezifischen, hypertextuellen und multimedialen Phänomene, die im Einleitungsessay skizziert wurden.

4. Öffentliche Aufmerksamkeiten

Kommen wir noch einmal zurück zu den Pressereaktionen zu *NULL*. Die voreilige Vermutung der *Badischen Zeitung*, dass dieses Projekt die Netzliteratur »aus den Windeln« bringen wird, ist vielleicht gar nicht so falsch, wie es auf den ersten Blick erscheint. Denn nun, da das Netz als Medium von Literatur einmal ins Licht der Aufmerksamkeit gerückt ist, fragt man sich, ob das schon alles war, ob der digitale Zustand des Wortes nicht mehr Möglichkeiten eröffnet als hier gesehen. Dass das Projekt überhaupt derart die Aufmerksamkeit der Öffentlichkeit auf sich ziehen konnte, ist natürlich der Bekanntheit der 36 Beteiligten im traditionellen literarischen Feld geschuldet, sowie der Schirmherrschaft von Dumont. Eine Hilfe war gewiss auch die Zwangslage all jener Redakteure, die im Zuge des Internet-Hypes einen Beitrag über Netzliteratur schreiben wollten oder sollten und dabei entweder aus Mangel an Zeit oder Interesse, sich tiefer auf den Gegenstand einzulassen, voneinander Vorurteile und Halbinformationen abschrieben oder gehalten waren, die befremdliche Materie mit einigen bekannten Namen zu besiedeln, um die Aufmerksamkeitsbereitschaft des Publikums nicht zu überstrapazieren. Ein Beispiel für die Verfahrensweise der Medien erzählt Sabrina Ortmann am 4. 2. 00 in der Mailingliste *Netzliteratur.de*: Nachdem der *ORB* für einen Beitrag zu Webdiaries auch das *Berliner Zimmer* bzw. das dort angesiedelte Kollektiv-Tagebuch *Tagebau* kontaktiert hatte und bereits einen Drehtermin mit mehreren »Tagebauern« verabredet war, sollten plötzlich nur noch die Initiatorin Ortmann und der durch Buchveröffentlichungen bereits bekannte Autor Ingo Schramm interviewt werden, wobei man schließlich auch auf Ortmann verzichtete.

Natürlich sind auch die Schwierigkeiten, Qualitäten im Bereich der echten digitalen Literatur zu finden bzw. zu erkennen, Grund dafür, dass man sich an bekannte Namen hält, die wenn auch nicht spezielle Medienkenntnis, so doch literarische Kompetenz nachweisen können. Denn diejenigen, die wirklich mit den neuen Voraussetzungen der digitalen Medien experimentieren, wissen zwar meistens, wie man einen Text effektvoll über den Bildschirm laufen lässt, aber nicht immer, aus welchen Worten sie den Text zusammenfügen, noch mit welchen semantischen Vorgaben und nach welchen Organisationsprinzipien eigentlich sie ihn bewegen sollen. Dieser Mangel auf der einen oder anderen Seite ist ein den digitalen Medien innewohnendes Problem. Er zeigt bereits an, dass es sich bei der digitalen Literatur um ein Phänomen handelt, welches nicht nur auf ungewohnt starken technischen Produktions- und Präsentationsvoraussetzungen beruht, sondern zugleich Verbindungen mit den Nachbarmedien Bild, Ton und Theater eingeht, auf die auch Vorläufer wie die konkrete und visuelle Poesie oder Mischformen wie das Emblem nicht ausreichend vorbereitet haben.

Angesichts all dieser Probleme mit der Qualität und der Bestimmung des Gegenstandes ist es kein Wunder, dass im akademischen Bereich zunächst Zurückhaltung herrschte. Die Universitäten verweigerten sich aus nahe liegenden Gründen größtenteils lange den ästhetischen Phänomenen der neuen Medien und überließen es im günstigsten Falle jüngeren Wissenschaftlern, das Thema in Seminaren und Forschungsarbeiten aufzugreifen. Diese etablierten denn auch – wie Reinhold Grether mit seiner äußerst verdienstvollen Linkliste *netzwissenschaft.de* – per Domainnamen kurzerhand neue Wissenschaftsrichtungen, während man in den Gremien und Fachpublikationen noch darüber stritt, ob die Literaturwissenschaft sich kulturwissenschaftlich reformieren solle oder nicht und welche Stellung sie zur Medienwissenschaft beziehen möge.

Die Studenten dieser Nachwuchswissenschaftler wählten das Thema dann mitunter zum Gegenstand ihrer Jahres- oder Magisterarbeit und forderten so wiederum Professoren zur Begegnung mit dem ungewohnten Gegenstand auf, was erwartungsgemäß nicht immer von Erfolg gekrönt war. Dass diese Studenten schließlich selbst wiederum als Multiplikatoren in der Netzszene wirken, kann namentlich an der Initiatorin des *Berliner Zimmers* Sabrina Ortmann festgemacht werden, die ihre erste Begegnung mit dem Thema auf ein Seminar 1996/97 zum Zusammenhang Computer und Literatur an der FU Berlin zurückführt. Die Recherche zu ihrer Seminararbeit über elektronische Literatur führte zu Peter Ennos Linkliste, und aus diesem Kontakt entstand schließlich das *Berliner Zimmer* als eines der ambitioniertesten Projekte im Web.

Allerdings gab es auch Professoren, die der Literatur in den neuen Medien recht früh eigene Seminare widmeten. So führte bereits im Wintersemester 1997/98 Michael Böhler, Betreuer der Doktorarbeit von Beat Suter, an der Universität Zürich das Seminar »Oraliteralität. Von Wandersagen zum Hypertext« durch und im Sommersemester 1999 bot Peter Gendolla, Inhaber des Lehrstuhls für Literatur, Kunst, neue Medien und Technologie an der Universität Gesamthochschule Siegen, ein Seminar zur Internetliteratur an.

Inzwischen liegen die ersten Dissertationen zum Thema vor,[8] und nachdem eine Reihe von Veranstaltungen am Rande bzw. außerhalb des universitären Betriebes die Diskussion zur digitalen Literatur voran- und vor allem deren Theoretiker zusammengebracht haben, finden auch erste Tagungen und Konferenzen mit schon deutlicher signalisierten akademischen Weihen statt.[9]

[8] Vgl. Suter 2000 (Zürich): eine erste umfassendere theoretische Annäherung auf der Basis eines umfangreichen Korpus an katalogisierten und kategorisierten On- und Offline-Werken; Heibach 2000 (Frankfurt am Main): eine theoretisch ambitionierte, v. a. auf Medientheorien und -utopien abhebende Diskussion der Ästhetik des Internets als Ethik der Kooperation; Rau 2000 (Mainz): eine längst fällige kritische Analyse der gängigen Interaktivitäts- und Demokratisierungs-Rhetorik auf der Grundlage einer breiten und ausführlichen Lektüre von Hypertexten und Computergames; Porombka 2001 (FU Berlin): eine polemische Erörterung der Hyperfiction mit Schützenhilfe der Psychoanalyse.

[9] Z. B. der Münchner Fachkongress »Schrift und Bild in Bewegung« im Mai 2000 mit seinem Rundgespräch »netzkunst: künstlerische gestaltungsmöglichkeiten von hyperfiction und hypermedia« (siehe www.dichtung-digital.com/IASL-Forum/Rungespraech-20-Jun-00.htm), das Forum *Ästhetik digitaler Literatur* der Universitäten Erfurt und Kassel Oktober 2000 (im September des Folgejahrs »p0es1s«), das Symposium »Literarische Hypertexte« der Universität Tübingen Dezember 2000 sowie die Tagung »Literatur und Internet« im Januar 2002 an der Johannes-Gutenberg-Universität Mainz. Dass die DFG das Teilprojekt »Interaktive Literatur« des bundesweit operierenden DFG-Projektverbundes »Theorie und

5. Digitale Literatur und Netzkunst

Neben dem, was im Feld der digitalen Literatur verortet werden kann und sich selbst darin verortet – sei es unter diesem Namen oder als Netzliteratur bzw. Hyperfiction –, gibt es freilich einen breiten Entwicklungsstrang zur digitalen *Kunst* bzw. *Netart* (Baumgärtel 1997, 1999, 2001), der den der digitalen *Literatur* in vielerlei Hinsicht berührt und überlagert, sich zum Teil aber auch institutionell und vom Selbstverständnis her von diesem unterscheidet und bewusst abhebt. Auf die Schwierigkeiten der Abgrenzung digitaler Kunst von digitaler Literatur, die sich selbst zunehmend multimedial geriert, kann hier nicht ausführlich eingegangen werden (vgl. Simanowski 2001 b). Es sei lediglich ein Versuch der Unterscheidung unternommen sowie auf einige Publikationen, Veranstaltungen und Websites verwiesen, die im Hinblick auf digitale *Kunst* von Interesse sind.

Prominente Anlaufstelle für Netzkunst ist sicher das Zentrum für Kunst und Medientechnologie in Karlsruhe (ZKM), das mit den rund 100 Positionen seiner internationalen Online-Ausstellung *Net_Condition* einen umfassenden Überblick zum derzeitigen Status der internationalen Netzkunst geben will. Sie wurde 1997 mit der Aufnahme in die documenta X erstmals einem breiteren Publikum vorgestellt. Kurator und ZKM-Leiter Peter Weibel betont die Kontinuität der Avantgarde: »Web-Art, netzbasierte Installationen, ist nicht nur die aktuellste

Geschichte der Medien« finanziert, ist ein weiteres Zeichen zunehmenden Interesses, ebenso der Umstand, dass nach und neben Initiativ-Publikationen der Nachwuchswissenschaftler auch renommiertere Publikationsorte wie *Text & Kritik* (Simanowski 2001), das *Internationale Archiv für Sozialgeschichte der deutschen Literatur* (Online-Diskussionsforum zur »Netzkommunikation in ihren Folgen« gemeinsam mit *dichtung-digital*) oder *Der Deutschunterricht* (Schlobinski/Suter) sich ausgiebig mit dem Thema beschäftigen.

Phase der Medienkunst, die nach der videobasierten Skulptur der 80er Jahre und der computerbasierten, interaktiven Installation der 90er Jahre den Mediendiskurs prägt, sondern auch jene Kunstform, an welche die größten politischen Hoffnungen geknüpft sind. Die sozialrevolutionären Utopien der historischen Avantgarden und Aufklärungsbewegungen wie Vertragsfreiheit, Chancengleichheit und interkulturelle Emanzipation etc. sollen nun technologisch eingelöst werden.«[10] Folgerichtig heißt es auch im Anforderungskatalog des im Mai 2000 vom E-Business Innovationszentrum der Fraunhofer Gesellschaft ausgeschriebenen und u.a. von Peter Weibel als Juror begleiteten Wettbewerb elektronisches Medienkunstwerk: »Gewünscht wird eine – durchaus auch kritische – Auseinandersetzung mit den ökonomischen Prozessen und Auswirkungen des Internet-Zeitalters. Dazu gehören beispielsweise die weltweite Vernetzung allgemein, die Veränderung des Internet durch die kommerzielle Nutzung, die ständig steigende Nutzung von E-Business im privaten und unternehmerischen Bereich, die Veränderungen der Handelswelt durch die Nutzung des Internet, der Wegfall von geografischen und zeitlichen Beschränkungen etc.«[11]

Das Ausstellungskonzept der *Net_Condition* unterscheidet sich – dies sei hier auch gleich beleuchtet – übrigens von dem der *p0es1s* oder dem Ausstellungs-Journal *The Remedi Project*, wo sich die Projekte auf der eigenen Website befinden, der Aussteller die virtuellen Objekte also real in Besitz genommen hat. *Net_Condition* setzt dagegen – wie zum Beispiel auch das Bostoner Cyberarts Festival, das umfangreiche *Archive of Internet Art*

[10] http://on1.zkm.de/netCondition.root/netcondition/curators/weibel/default.

[11] Die Ausschreibung wurde inzwischen von der Website genommen. Mit ebenso, freilich schon durch den Ausrichter naheliegender, sozialkritischer Perspektive annonciert der *InternetKunstPreis 2001* der Industriegewerkschaft Metall Chemnitz.

von Rhizome und der Net.Art Contest von Infos 2000 – auf den Konditionen des Netzes auf, gleicht im Grunde einer kommentierten Linkliste und geht das Risiko ein, dass die angezeigten und verlinkten Ausstellungsobjekte vom Künstler während der Ausstellung aus dieser entfernt werden.[12]

Diesem latent drohenden Verlust der Ausstellung arbeiten Aktivitäten innerhalb und außerhalb des Internet entgegen. So wird online am kunsthistorischen Institut der Humboldt-Universität Berlin eine Datenbank der Virtuellen Kunst aufgebaut, die die kuratorische und konservatorische Funktion der überforderten Museen übernehmen will. So werden offline Publikationen erstellt wie das Buch *net_condition. art and global media* (Weibel/Druckrey), das CD-ROM-Magazin *artintact*, der 2000 als CD-ROM erschienene *Net Art Guide*, Tilman Baumgärtels *Materialbände zur Netzkunst* (1999, 2001), das *netz.kunst*-Jahrbuch des Nürnberger Instituts für moderne Kunst und das *du*-Themenheft *NET.ART: Rebellen im Internet.*

Die in *Net_condition* angezeigten Beispiele der Medienkunst werden zum Teil auch der digitalen Literatur zugeordnet,[13] was bei einigen Werken anderer Internet-Art-Galerien noch viel dringlicher geraten scheint.[14] Die Unstimmigkeit bezeugt, wie schwer es ist, hier eine exakte Grenze zu ziehen. Das ist natürlich Resultat der medialen Disposition und verweist auf einen Zwischenraum, in dem Literatur sich auf die bildende Kunst

[12] Vgl. dagegen das Konzept des San Francisco Museum of Modern Art, das darauf zielt, die Objekte der kleinen Netart-Ausstellung E-Space als Geschenke zu erwerben und auf dem eigenen Server zu sichern, oder das Konzept des New Yorker Museum of Modern Art, dessen *Online Projects* direkt für die *MoMA.org*-Site produziert oder koproduziert wurden.

[13] So im Falle *Web Stalker* und *Jodi*, die Christiane Heibach unter Literatur im digitalen Raum einordnet (2000, 244ff. und 252f.).

[14] Vgl. auf *e-2.org* Anna Bests durch Images angereicherte Geschichte *Error 404.*

zubewegt und bildende Kunst verstärkt mit Text arbeitet. Dies provoziert zugleich die Frage, ob eine terminologisch aufrechterhaltene Trennung überhaupt noch sinnvoll ist.

Prinzipiell, so könnte man sagen, nein. Phänomenologisch, so wäre nachzusetzen, durchaus. Denn wenn man sich die Preisträger der für Netzkunst und Netzliteratur ausgeschriebenen Wettbewerbe ansieht, ist den Werken durchaus ihre unterschiedliche Herkunft und Intention anzumerken. Während zum Beispiel alle Preisträger der *ZEIT*-Wettbewerbe oder des Ettlinger Internet-Literaturwettbewerbs stark im Narrativen verankert bleiben, handelt es sich bei den Preisträgern des oben erwähnten *Wettbewerbs elektronisches Medienkunstwerk* um eine Lichtshow-Webcam-Installation, eine Netzwerk-Sound-Installation und eine Datenübertragungs-Installation, die allesamt stark auf den Vernetzungsaspekt und auf die Interaktion mit dem User setzen, sich aber nicht vornehmen, eine Geschichte – wenn auch mit anderen, multimedialen, interaktiven, performativen Mitteln – zu erzählen.[15] Auf all den Netz-Kunst-Seiten definieren die angebotenen Werke den Begriff Netzkunst phänomenologisch, woraus sich ein Netzkunstbegriff ergibt, der eher auf interaktive Installationen oder auf avancierte Sound-Grafik-Projekte zielt als auf

15 In Mark Napiers »Remote Online Action Painting« *Point To Point* werden mittels Kamera und Software die Bewegungen der Museumsbesucher als grafischer Datenstrom auf einem Videodisplay festgehalten; das entstandene Kunstwerk ist somit in ständiger Veränderung durch die Bewegungen der Besucher (www.e-business.fhg.de/netzknst/napier.htm). In *life_sharing* von *0100101110101101.ORG* »wollen die Künstler die gesamte Festplatte ihres täglichen Arbeitsrechners mit allen Daten, Programmen, Mailboxen und Archiven über das Internet zugänglich machen. Jeder kann ihre Arbeit live verfolgen und sogar ihre private Mail lesen. Dieses Vorhaben beleuchtet die Fragen des Privaten gegenüber dem Öffentlichen und die des Open source (auch von Gedanken und Ideen) gegenüber striktem Copyright.« (www.e-business.fhg.de/netzknst/01org.htm) Vgl. die Preisträger der CYNETart 2000 und die Beispiele auf auf *net-art* sowie dem »net.art_shop« *artcar*.

Narration – und somit gegen den Begriff der digitalen Literatur Konturen annimmt.[16]

In diesem Sinne setzen nicht zuletzt auch die jeweiligen Wettbewerbsausschreibungen deutlich unterschiedliche Akzente. So fordert der *ZEIT*-Internet-Wettbewerb 1998, die Sprache mit den ästhetischen und technischen Mitteln des Internet zu verknüpfen und neue Ausdrucksformen zu entwickeln, der *Linzer Marianne-von-Willemer-Preis 2000* war »für literarische Arbeiten ausgeschrieben, die in spezifischer Weise in ihrer Produktion und/oder Präsentation auf der Nutzung von Internet basieren«.[17] Ganz anders heißt es beim Wettbewerb elektronisches Medienkunstwerk: »Die Umsetzung kann mit allen bildhaften, assoziativen, spielerischen, sinnlichen und/oder akustischen Mitteln erfolgen, die heute zur Verfügung stehen. Wir stellen uns ein Kunstwerk vor, das mit multimedialen Elementen arbeitet und evtl. auch das Internet bzw. die Vernetzung selbst nutzt«.[18]

Es ist also nicht unproblematisch, unter dem Begriff *net.art* alle Arbeiten und Künstler vorstellen zu wollen, »die aus der bildenden Kunst, der Literatur, den Massenmedien, der Musik oder vom Programmieren her kommen« (Baumgärtel, 2001 a). Netzkunst ist im aktuellen Verständnis im Grunde eine Anwendung des Kunst-Begriffs auf das neue Medium und spart – wie dieser in seinem allgemeinen Bezug auf die *bildende* Kunst – das Phänomen der Literatur aus. Da das neue Medium alle klassischen

[16] Zum Rückbezug der Netzkunst auf die Konzeptkunst der sechziger und siebziger Jahre vgl. Baumgärtel 1997. Dort findet sich auch der Hinweis auf die erstmalige Verwendung des Begriffs Netart 1996 auf einem Treffen europäischer Künstler in Triest.

[17] Die Ausschreibung selbst ist, wie im Falle CYNETart, innerhalb der Website des Wettbewerbs nicht mehr zugänglich.

[18] Auch in diesem Falle wurde die Ausschreibung von der Site des Wettbewerbs genommen.

und modernen Künste durch das Nadelöhr der Digitalität zwingt und in der Folge problemlos verkoppeln kann, ist man freilich gut beraten, durch einen geschichtlichen Gang zurück vor die Ausdifferenzierung der Künste jene terminologische Gemeinschaftlichkeit der Kunstgattungen wieder zu etablieren, die noch in Kants und Hegels Ästhetiken oder in Sulzers *Theorie der Schönen Künste* bestand. Genaugenommen muss die Entdifferenzierung sogar weit hinter Sulzer zurückgehen, bis dahin, wo der Kunstbegriff auch die *artes mechanicae* wieder einschließt, in diesem Falle also die Programmierung auf der Softwareebene. Dass diese Rücknahme der Ausdifferenzierung zugleich die vor allem in Hegels Ästhetik entwickelte Hierarchisierung der Künste überwinden und sich den neuartigen Synthesen visueller, auditiver und innerlich-vorstellender Ausdrucksformen stellen muss, ist die Conditio sine qua non des ganzen Unternehmens.

Eine unabdingbare Voraussetzung ist freilich auch, dass die Akteure selbst das Desinteresse aneinander und die gelegentlichen Ressentiments gegeneinander aufgeben. Dieses Desinteresse bezeugt Jan Ulrich Hasecke, wenn er zum Verhältnis der Netzliteraten und Netzkünstler festhält, »dass die so genannten Szenen komplett auseinandergefallen sind«, und pointiert: »Netzkünstler haben den Netzliteraten ebenso wenig zu sagen, wie Aktionskünstler den Printliteraten« (am 16. 2. 2001 in *Netzliteratur.de*). Der Nachsatz »Multimedia hat mir bekanntlich nie sonderlich zugesagt« deutet auf die tiefer liegenden Gründe.

Wer dem multimedialen Aspekt der digitalen Medien skeptisch oder ablehnend gegenübersteht, ist natürlich geneigt, die digitale Literatur gegen formale Turnübungen und Experimente auf ein Erzählen mit den Mitteln des Wortes festzulegen. Ähnlich ist es bei Robert Coover, der als erfolgreicher Autor von Büchern sich trotzdem früh für die digitalen Medien interessierte und diese 1992 unter dem Titel »The End of Books« dem Publikum der *New York Times Book Review* nahe zu bringen versuchte. Anfang 2000 beklagte er dann die Verdrängung des Wortes im Web (Coover 2000) und bezeichnete das laute, rastlose, oberflächliche World Wide Web als Todfeind der leisen Stimme der Literatur. Coover spricht von der permanenten Gefahr der Hypermedia »to suck the substance out of a work of lettered art, reduce it to surface spectacle«.

Ohne Frage, die Entwicklung des digitalen Mediums hatte das Verhältnis der analogen Medien Sprache, Bild, Ton in ein Wechselbad der Aussichten geführt. Das Erzählen der klassischen Hyperfiction Anfang der 90er Jahre war ein anderes als das in Büchern gewesen, gewiss, aber es war weiterhin eines allein oder doch vor allem aus Textbausteinen. Inzwischen konnte man nicht mehr mit dem Übergewicht des Wortes argumentieren. Die digitalen Medien einschließlich des World Wide Web hatten den Weg zu einem multimedialen Erzählen geebnet, das sich der Sprache von Wort, Bild und Ton gleichermaßen bedient.

Der Text-Spartanismus der klassischen Hyperfiction war da keine Alternative mehr, zumal er auch von deren prominenten Vertretern inzwischen nicht mehr befolgt wurde. Wer am Wort festhielt, sah sich, wie Coover, plötzlich vom Vorreiter zum Ewig-Gestrigen disqualifiziert: »In my workshops, I continue to insist upon text, often against the wills of students, eager to abandon the slow but demanding word and rush into sights and sounds. But, then, maybe this is where I am stuck in the past and becoming dated, for one might well ask: Are not these Golden Age narrative webworks mere extensions of the dying book culture, as retrotech in their way as e-books?« (Coover 2000)

Problematisch an solchen Gegenüberstellungen ist die untergründig vorausgesetzte Medienkonkurrenz, das Entweder-Oder, das – ganz in der traditionalistischen Manier einer rigoristischen Künstehierarchie – zwischen Text und Bild als zwei Welterfahrungsweisen gesetzt wird.[19] Die Befürchtung der Vertreibung

[19] Man denke an die Debatte in der Renaissance, ob der Malerei oder Dichtkunst der höhere Rang gebühre, sowie an das von Hegel für die Kunstgattungen aufgestellte Führungsrollen-Paradigma.

des (geschriebenen) Wortes durch das (bewegte) Bild wurde auch durch Kino und Fernsehen nicht bestätigt. In den digitalen Medien tritt das Wort zwar Raum ab an das Bild und an eine spezifische Interface-Ikonografie, das muss aber keineswegs heißen, dass es seine Rolle als Bedeutungsträger verliert. Ebenso wenig muss dies heißen, dass das (bewegte) Bild fortan nur noch im Zeichen des Spektakels steht. So wie das Printmedium die Fähigkeit abverlangt, zwischen den Zeilen zu lesen, so benötigt das digitale die Bereitschaft der Autoren und Rezipienten, die Zeichen hinter der Oberfläche zu bedenken und ein Verständnis für die neue Sprache der Wort-Bild-Performance zu entwickeln, das über das bloße Spektakel des visuellen und technischen Effekts hinausgeht.[20]

6. Autorenteams und Projektfinanzierung

Die andere Seite des Problems der Grenzverwischung zwischen Netzliteratur und Netzkunst spricht Claudia Klinger an, deren Posting in *Netzliteratur.de* dem von Hasecke unmittelbar voranging: »Um ein echtes ›State of the art‹-Werk zu machen, muss man heute weit mehr aufbieten als zu Zeiten des schlichten HTML. Und vielleicht geht es nur noch in Gruppen, finanziert und geplant wie ein Film.« Schreiben im Netz scheint somit auf Kollaboration hinauszulaufen, selbst wo es sich noch um abgeschlossene Werke und eine individuelle Autorschaft handelt. Die Pegasus-Preisträger-Teams der Beiträge *Die Aaleskorte der Ölig* (Frank Klötgen und Dirk Günther) und *Der Trost der Bilder* (Jürgen Daiber und Jochen Metzger) hatten 1998 mit ihrer Kooperation zwischen Texter und Programmierer im Grunde die Richtung der Entwicklung digitaler Autorschaft angezeigt. Be-

[20] Zur tieferen Bedeutung visueller und technischer Effekte vgl. die generelle Diskussion und die Fallanalysen in Simanowski 2002.

merkenswert ist dabei Klötgens Forderung nach beiderseitiger Kenntnis der jeweils anderen Materie: »Wenn der Autor nicht prinzipiell in der Lage ist, den Hypertext weitgehend allein zu fabrizieren, wird er m. E. auch keine Internet-Literatur herstellen (daher von meiner Seite no chance zu den Versuchen, Printautoren der besseren Stories wegen anzuheuern) – ebenso wenig Hilfe sollte man sich von einem technischen Hintermann versprechen, der zum Erfüllungsgehilfen degradiert ist.« (Klötgen) Daneben gibt es die gegenteilige Position, wie sie etwa Fevci Konuk, Autor von *Digital Troja* und *Brainwash,* vertritt: »Ich bin der Entwickler, Designer, Redakteur und Autor meiner Arbeiten. Dadurch gibt es eine ›Dichte‹ in der Arbeit, die es bei Teamworks nicht geben kann«.[21] Auch wenn die Dichte zuweilen auf Kosten der Qualität in den Einzelbereichen geht, ist dieses Modell des komplexen Self-Made-Künstlers weiterhin weit verbreitet, und wie der jüngste, hier präsentierte Wettbewerb zur digitalen Literatur zeigt – beide erste Preise sind das Werk von Einzelautoren –, nicht ohne Erfolg.

Die Filmmetapher wird in der Diskussion der veränderten Produktions- und Finanzierungskonzepte übrigens gern aufgegriffen, und zwar auch in historischer Hinsicht: »Wer als Autor auf die traditionellen Arbeits- und Kommunikationstechniken des Typographeums fixiert war, kann nicht automatisch mediengerechte Beiträge für das Internet produzieren ... Die Produktionsweise des Films – mit der arbeitsteiligen Trennung von Autorenleistungen (eventuelle literarische Vorlage, Treatment, Drehbuch), Regiearbeit und Produktion – erscheint mir dabei als artverwandt.« (Rotermund) Die Konsequenzen, die Rotermund daraus für die Finanzierung größerer multimedialer Produktionen zieht, zielen entsprechend auf ein ähnliches Planungs- und Finanzierungskonzept wie beim Film: »Ich sehe hier eine große Chance für eine neue Art von Lektoraten, Agenturen und Verla-

21 Fevci Konuk in einer privaten E-Mail am 24. 6. 2000.

gen, die als Filter und Empfehlungsmaschinen für solche Produktionen arbeiten.«

Es ist also ebenso Venture-Kapital gefragt wie im Fall der kommerziellen Start-Ups. Und es bedarf – v.a. nach der Desillusionierung und den Einbrüchen des Neuen Marktes – einer entsprechenden Visionskraft aufseiten der Geldgeber, die natürlich eine entsprechende Überzeugungskraft aufseiten der vorgelegten Konzepte voraussetzt. Dass die Publikumswirksamkeit der Kunstwerke nicht nur von deren Qualität, sondern auch von solchen Faktoren wie der allgemeinen Medienakzeptanz, der technischen Ausrüstung des potenziellen Publikums bis hin zu Internet-Zugangskosten abhängt, wird vor allem die kommerziellen Geldgeber beschäftigen.

Ein erstes Beispiel des zur Diskussion stehenden Finanzierungsmodells ist das anlässlich der Softmoderne 1999 angeregte, von Podewil Berlin, der Senatsverwaltung für Wissenschaft, Forschung & Kultur und der Berliner Festspiel GmbH getragene Experiment »HyperTextBerlin«. Hier wurde, wie die Veranstalter erklären, ausgewählten, bereits im Printbereich bewährten Autoren ein Thema vorgegeben, ein Programmierer zur Seite gestellt und Geld für die Realisierung ihrer Ideen gegeben (Porombka/Schmundt/Wegmann; vgl. Ortmann 2000). Dass für das Gelingen der Enthusiasmus der Veranstalter allein nicht reicht, zeigten die Ergebnisse, die die technischen Möglichkeiten des Mediums kaum oder ohne innere Notwendigkeit nutzten und beim Publikum eher einen »schalen Nachgeschmack« (Ortmann 1999) hinterließen. Vielleicht ein Hinweis darauf, dass die auf den ersten Blick so plausibel erscheinende Zusammenführung von im Printbereich bewährten Autoren, Programmierern und Geld noch keinen Erfolg verspricht, wenn beide Seiten nicht auch im Ansatz die Materie des anderen einigermaßen verstehen.

Wäre dieser Text ein Hypertext, hätte es einige Abschnitte zuvor, als von den Anfängen der deutschen Szene digitaler Literatur die Rede war, einen Link zu einer Extraseite über die amerikanische Szene gegeben. Später, als die Konferenzen, Publikationen und Wettbewerbe im deutschsprachigen Raum aufgelistet wurden, hätte es wiederum Abzweige zu dieser Seite gegeben, zu den entsprechenden Äquivalenten im englischsprachigen Kontext. Hätte auf diese Weise jeder Leser selbst entscheiden müssen, in welcher Ordnung er oder sie die bereitstehende Information aufnehmen will, so muss im linearen Printmedium der Autor die Wahl treffen, die einige Leser akzeptieren werden, andere nicht. Hier nun also der Blick auf die amerikanische Szene, mit der in den 80er Jahren alles begann.

Natürlich gibt es auch zu den 80er Jahren ein Vorspiel, das mit den Namen Bush, Engelbart und Nelson verbunden ist. Vannevar Bush, der als Leiter der amerikanischen Büros für wissenschaftliche Forschung und Entwicklung in den 40er Jahren den Wissenstransfer koordinierte, suchte nach modernen Indizierungsmethoden und entwarf 1945 in seinem berühmten Aufsatz »As we may think« eine neue Beziehung zwischen den denkenden Menschen und der Summe unseres Wissens. Bush problematisierte die Erreichbarkeit von Informationen und die Kriterien der Datenauswahl und skizzierte unter der Bezeichnung Memex (Memory Extender) eine Maschine, mit der man Informationen – die bei Bush noch auf Papier und Microfilmen gespeichert waren – in individueller Weise miteinander verbinden konnte. Die heute im Internet verfügbaren Hypertexte ermöglichen dem User zwar nicht das von Bush entworfene »associative indexing […] whereby any item may be caused as will to select immediately and automatically another«. Trotzdem gilt Memex als Referenz für den Hypertext, und zwar immer mit dem Hinweis, dass die Ursprungsidee nicht vom Navigieren innerhalb bereits vorgegebener Kombinationsmöglichkeiten ausging, sondern von der Freiheit, selbst Verbindungen herstellen zu können (Nyce/Kahn).

Lässt das Internet – das man ja als Mega-Hypertext verstehen kann – die Möglichkeit der Verlinkung auf der Userebene vermissen, so stellt es dafür auch kein Stand-Alone-System mehr dar, wie die isoliert gedachte Maschine Memex. Douglas C. Engelbart entwickelte in dieser Hinsicht Bushs Konzept in den 60er Jahren weiter und entwarf mit dem Augment-Project und seinem NLS (oN-Line-System) die Vision vernetzter Computer und der delokalisierten gemeinsamen Arbeit an Dokumenten (Engelbart 1988 und 1991). Die Verbindung der Computer sollte das »ARPANET« ermöglichen, die eigentliche Quelle des Internet und bekanntlich auch dessen militärischer Ursprung.[22]

Bushs und Engelbarts Ideen wurden wiederum von Theodor Holm Nelson aufgegriffen, der mit seinem ebenfalls in den 60er Jahren begonnenen Xanadu-Projekt ein universelles Archiv für das gesamte Wissen der Menschheit entwarf. Nelson wurde mit seinen Visionen lange Zeit nicht ernst genommen und beschrieb das Xanadu-Projekt in seinem selbstverlegten Buch *Literary Machines* (Erstauflage 1981), in dem er auch den von ihm bereits 1965 geprägten Begriff Hypertext als »non-sequential writing« erklärt (Nelson 1987, 0/2).

[22] Das ARPANET (das Netz der Advanced Research Projects Agency) verband bereits 1969 Forschungscomputer, die an Universitäten und Instituten zu militärischen Zwecken eingesetzt wurden. Die Dezentralisierung und Bewegung der Information im Netz sollte verhindern, dass in einem militärischen Konflikt die Kommunikationsbasis durch Zerstörung des Hauptcomputers lahm gelegt werden konnte. Die dezentrale Struktur hat das Internet beibehalten, sie sichert den relativ unkontrollierten, alternative Wege nutzenden Informationsfluss.

Es bleibe dahingestellt, auf welchen Literaturbegriff Nelsons Buchtitel zielt. Fakt ist, dass »Hypertext«, obgleich mit der Erfindung des World Wide Web generell als Prinzip der Informationsanordnung populär geworden, Ende der 80er Jahre in den USA im literarischen Sinne eingesetzt wird – und zwar nicht, wie es Nelsons Vision war, als »Hypertextsystem, das die ganze Weltliteratur enthält« (Nielsen 38), sondern als narratives Strukturprinzip. Michael Joyce »opened up the electronic frontier to serious writing« (Kendall 1995) mit seinem Text *Afternoon, a Story*, ein inzwischen zum Klassiker der Hyperfiction – und ihrer Wissenschaft – avancierter Text von Romanlänge, der 1990 im Hypertext-Programm Storyspace bei Eastgate Systems auf Diskette erschien.

Das von Mark Bernstein geleitete Eastgate Systems sieht sich als Publikationsort seriöser Hyperfiction und steht dafür, dass zum einen die amerikanische Hyperfiction-Szene vor der Ankunft des World Wide Web entstand und dass sie zum anderen der gewonnenen Freiheit des elektronischen Publizierens durchaus die Faktoren der Edition und Kommerzialisierung zur Seite zu stellen sucht. Bernstein – als Verleger, Publizist und Organisator eine der wichtigsten Figuren der amerikanischen Szene digitaler Literatur – betont die Notwendigkeit der Übertragung verlegerischer und buchhändlerischer Aktivitäten auf die digitale Literatur und ergreift damit zugleich Partei für den Autor: »Some people suppose that you could just let every writer post their work on a free Web page, and then readers could wander around and pick up whatever they want. This is merely an attempt to remove one tiny industry from the capitalist economy – to say, ›we're happy with capitalism, but writers will pretend that we're all socialists.‹ It's a sucker game for writers; it leaves them utterly dependent on the whatever wealthy patron will donate some table scraps this week.« (Bernstein 1999)

Während Eastgate Systems recht früh durch den kommerziellen Vertrieb von Hyperfiction nicht nur für die Bekanntmachung dieser neuen Literaturart, sondern auch für die Bezahlung ihrer

Autoren sorgte, hat die Ankunft des Web der digitalen Literatur zwar geholfen, ihren Autoren aber nicht. Die Autoren sind gewissermaßen an die Magna Charta der Internetpioniere gebunden, deren *Information-wants-to-be-free*-Losung angesichts der aktuellen Kommerzialisierung des Netzes und des von Netzaktivisten hochgehaltenen Gegenentwurfs der parakommunistischen Geschenkökonomie noch an Verbindlichkeit gewinnt. So stehen die meisten Werke online kostenlos zur Verfügung; zum Teil sogar als Zip-Datei zum Herunterladen, damit das Geld, das der Autor nicht zu verlangen wagt, wenigstens auch die Telefongesellschaft nicht bekommt.[23]

Eastgate Systems bildet als elektronischer Verlag, wertvoller Informationspool (*Hypertext Kitchen*) und Diskussions-Organisator (*eNarrative*) einen Knotenpunkt in der amerikanischen Szene digitaler Literatur. Diese Szene ist zunächst vor allem eine Szene der Hyperfiction, deren namhafte Autoren zumeist auch bei Eastgate Systems verlegt sind.[24] Seit der Ankunft des Webs und den veränderten technischen Möglichkeiten hat es freilich auch hier Veränderungen gegeben. Einige Autoren klassischer Hyperfiction – d.h. reiner Text-Link-Dokumente, zumeist im dafür entwickelten Programm Storyspace geschrieben – erstellen nun multimediale Hypertexte. So fließen in Michael Joyces umfangreiche Hyperfiction *Twilight, a Symphony* neben Text und Bildern auch Musik, gesprochene Sprache und Videoclips ein.

[23] Auch Beat Suters update-Verlag, der Ende 2000 begann, die ersten Werke digitaler Literatur im deutschsprachigen Raum kommerziell zu vertreiben, scheint der Netzethik insofern folgen zu wollen, als er Susanne Berkenhegers *Hilfe!* und Johannes Auers und Reinhard Döhls digitale Projekte auf CD-ROM zum Verkauf anbietet, ohne den kostenlosen Online-Zugang zum Inhalt deswegen zu unterbinden.

[24] Um einige Namen zu nennen: M.D. Coverley, J. Yellowlees Douglas, Edward Falco, Carolyn Guyer, Shelley Jackson, Michael Joyce, Deena Larsen, Judy Malloy, Cathy Marshall, Stuart Moulthroup, Jim Rosenberg, Stephanie Strickland, Rob Swigart.

Stuart Moulthrop – mit *Victory Garden* (1991) der andere »grandfather« der amerikanischen Hyperfiction – setzt in *Reagan Library* Virtual Reality Images als Illustration und Orientierungskarte ein, so dass man dieses Werk nicht mehr ohne die zusätzliche Multimedia-Software QuickTime lesen kann.

Die einstige Notwendigkeit, sich von anderen Entwicklungen im Bereich der digitalen Ästhetik abzugrenzen, besteht heute so nicht mehr.[25] Autoren klassischer Hyperfiction arbeiten mittlerweile also viel stärker visuell: Die Abkehr von einer allein auf den Text zielenden Übertheoretisierung, der Kontakt zu Screen-Designern und der Wandel von der speicherarmen Diskette zum multimedialen Web als Distributionsmedium sind Gründe dafür. Konzeptionell gegen Coovers Befürchtung gerichtet, durch das Bild weiche das substanzielle Wort dem oberflächlichen Spektakel, drückt sich diese Entwicklung begrifflich im Übergang von »Hyperfiction« zu »Hypermedia« aus.

8. Autoren, Texte, Theorie

Die aktuelle Szene amerikanischer Hyperfiction/Hypermedia kennzeichnet ein Nebeneinander verschiedener künstlerischer Strategien und technischer Schreibstile. Während sich Mark Amerika – mit seinem *Alt-X Online Network* Pionier des elektronischen Publizierens in Amerika, der nicht zur Eastgate-Familie gehört – mit dem multimedialen *Grammatron* und dem mp3/Text-Konzept-Album *PHON:E:ME* stark im Bereich der Netz*kunst* bewegt (Amerika), nutzt Deena Larsen Grafik und

[25] »We needed to claim some attention for what Mark Bernstein still calls ›serious hypertext,‹ in distinction to games and other entertainments. As I've confessed more recently, this move now seems somewhat petulant and narrow-minded ... Team-teaching with a typographer and a master graphic designer has helped me shed my earlier, print-dominated misconceptions about text.« (Moulthrop 2000)

Images in ihren Hyperfictions nur zur Illustration oder als Navigationskarte ohne eigene erzählerische Funktion und baut *Disappearing Rain* aus dem Jahre 2000 weiterhin allein auf Text und Links auf (Larsen). Jenny Weights *Rice* hingegen – Preisträger der trAce/Alt-X International Hypertext Competition 1998 – ist mehr oder weniger eine Lyriksammlung, erweitert um Bilder, Hintergrundmusik, Rezitationen und Elemente visueller Poesie.

Nicht zuletzt die Erfahrung des 1998er Wettbewerbs veranlasste *trAce/Alt-X* im Jahr 2000 zur Umbenennung des Wettbewerbs in Competition for New Media Writing und zur Bitte an die Einsender, ihren Beiträgen selbst einen entsprechenden Namen zu geben. »New media writing«, so Organisator Mark Amerika, »could still be hypertext, but it could also be animated typography or experimental/poetic imagetext« (Amerika). Die offene, recht vage Bezeichnung fungiert als Dachbegriff für die verschiedensten Experimente, wobei es nicht nur um Experimente mit dem Material, sondern auch mit Autorschaft und Werkbegriff geht.

Der Ausdruck New Media Writing integriert zwar gleichermaßen das, was mit digitaler Literatur, und das, was mit Netzkunst bezeichnet wird, verzichtet aber auf die Abgrenzung gegen Phänomene des New Media Writing wie Online-Shops, Multimedia-Lexika, Erotik-Chats und Lieschen Müllers Homepage – auf die Unterscheidung zwischen Webkunst und Webdesign. Vor einer solchen Entdifferenzierung warnen Vertreter sowohl aus dem Lager der digitalen Literatur (Block, 97f.) wie der Netzkunst (Kuni, 6), und in der Tat sollte gerade angesichts der zu beobachtenden Ästhetisierung des Kommerziellen und der »›gentrification‹ der digitalen suburbia« (Lovink/Schultz, 357) die Differenzierungsarbeit hier nicht aussetzen. Der kritische Zugriff sollte doch unterscheiden wollen, zum Beispiel zwischen einer auf Unternehmenspräsentation und Verkauf zielenden Website auf der einen Seite und Websites wie *Brainwash* oder *Kolonialladenwaren* auf der anderen, die einen Webshop imitieren und parodieren, um sowohl die Entwicklung im Internet wie die damit etablierte Epistemologie zu problematisieren.

Da die amerikanische Szene sich einige Jahre vor der deutschen etablierte, ist kaum verwunderlich, dass die USA auch im Hinblick auf Publikationen und Veranstaltungen fast völlig die internationale akademische Diskussion bestimmen. Schon 1991 legten J. David Bolter mit *Writing Space. The Computer, Hypertext, and the History of Writing* und Paul Delauny und George P. Landow mit ihrem Sammelband *Hypermedia and Literary Studies* Bücher vor, die sich der neuen Technologie ganz klar aus der Perspektive der Literatur näherten.[26] Dazu gab es schon früh zahlreiche Online-Publikationen, allen voran die bereits erwähnte *Alt-X*-Site von Mark Amerika mit der *Electronic Book Review,* sowie *Postmodern Culture, The Atlantic online,*[27] *Pif Magazine*[28] oder *Beehive,*[29] wobei natürlich auch Print-Periodika Themenhefte herausbrachten wie *Modern Fiction Studies* 1997 (Hayles 1997). Daneben wären die vielen mehr oder weniger persönlichen Websites zu nennen, die mit ihren Essaysammlungen und Linklisten den Interessierten den Weg wiesen durchs Netz und durch das Dickicht des neuen Gegenstandes; so etwa Michael Shumates bis Mitte 1997 geführte Linkliste *Hyperizons,* Robert Kendalls *Wordcircuits* und die gut sortierte, wenn auch etwas »Brown-lastige« Linkliste der Brown University *Cyberspace, Hypertext & Critical Theory.*

Eine wichtige Rolle für die Förderung der digitalen Literatur

[26] Siehe außerdem: Landow 1992 und 1994, Tuman 1992, Lanham 1993, Aarseth 1997, Douglas 2000, Harpold 2000.

[27] Vgl. den Index zur digitalen Kultur: www.theatlantic.com/unbound/digicult/dcindex.htm.

[28] www.pifmagazine.com – vgl. die Hypertext-Sondernummer 32, Januar 2000.

[29] http://beehive.temporalimage.com.

spielt die Electronic Literature Organisation, die vergleichsweise hoch dotierte Preise – im Jahr 2001 waren es 10000 Dollar – für »innovative projects in electronic literature« auslobt. Die ELO versteht ihren Preis als »Pulitzer or Nobel Prize for the electronic literature world«, wobei auch hier die Ausschreibung klar die Anschließbarkeit an die Literatur akzentuiert.[30]

Die Entwicklung der Scientific Community der digitalen Kultur basiert nicht zuletzt auf den recht früh ausgerichteten Konferenzen. Die Vorreiterrolle besetzt hier die Association for Computing Machinery (ACM) mit ihren Konferenzen zu Hypertext and Hypermedia, hervorgegangen aus einem von John Smith organisierten Hypertext-Workshop 1987 in Chapel Hill, dem 1989 in Pittsburgh die erste Hypertext-Konferenz folgte. Seitdem finden Hypertext-Konferenzen jährlich und alternierend zwischen Amerika und Europa statt.[31] Da diese Konferenzen von einer »computer science organization« ausgehen und schon durch ihre hohen Teilnahmegebühren sich eher an Softwareunternehmen und an die finanzstärkeren technischen Departments der Universitäten richten, sind geisteswissenschaftliche Perspektiven dort freilich unterrepräsentiert (Ricardo).

[30] Als Bewertungskriterien werden genannt: »Innovative use of electronic techniques and enhancements. / Literary quality, understood as being related to print and electronic traditions of fiction and poetry, respectively. / Quality and accessibility of interface design. / Collections will be accepted if they are intended to be read holistically as a single work.« – www.eliterature.org/Awards2001/criteria.shtml. Vgl. die Besprechung des Preisträgers 2001 unter www.dichtung-digital.com/2001/06/20-Simanowski sowie die Kritik des Werkes und die Diskussion der Kritik unter www.dichtung-digital.com/2001/10/31-Rau.

[31] Die Website der HT 01 in Aarhus befindet sich unter: www. ht01.org, ausführliche Konferenzberichte zur HT 99 in Darmstadt und zur HT 00 in San Antonia: Wingert 1999 und 2000.

Diese Lücke wird seit 1998 durch die Digital Arts and Culture Conference gefüllt, die den Akzent nicht auf die Naturwissenschaften legt, sondern auf Praxis und Theorie digitaler Kunst. Was 1998 in Bergen unter Espen Aarseths Leitung in kleinem, vor allem skandinavischem Zirkel begann, war ein Jahr später in Atlanta schon zu einer beeindruckenden Konferenz geworden und hat 2001, da die Konferenz an der Brown University in Providence stattfand, bereits solche Ausmaße angenommen, dass viele Beiträge allein aus Zeitgründen abgewiesen werden mussten.[32]

Die Brown University ist in vielfacher Weise Ausgangspunkt der Beschäftigung mit digitaler Literatur. George P. Landow entwickelte dort seit 1987 in einer Forschungsgruppe am Institute for Research in Information and Scholarship Intermedia ein UNIX-basiertes vernetztes Hypertextsystem für den Unterricht, aus dem später schließlich das interdisziplinäre *Victorian Web* entstand.[33] Coover gab am Englisch-Department der Brown University 1989–1992 »hypertext fiction workshops«, Mark Amerika arbeitete dort mit der Hilfe Landows und Coovers als Visiting Artist an *Grammatron,* Aarseth studierte an Brown, ebenso Susana P. Tosca, die Herausgeberin des spanischen Online-Journals *Hipertulia,* und Karin Wenz, eine der Organisatoren der p0es1s-Symposien. Aarseth, der in Bergen 1998 die erste Digital Arts and Culture Conference organisierte, half, das Thema in Nor-

[32] Vgl. die Programme der verschiedenen Konferenzen: http://cmc.uib.no/dac98, www.lcc.gatech.edu/events/dac99, http://cmc.uib.no/dac und www.stg.brown.edu/conferences/DAC. Konferenzberichte zu DAC 2000 und DAC 2001: Simanowski 2000b und Rau 2001.

[33] Das *Victorian Web* ist Prototyp für die Nutzung von Internet und Hypertext im Sinne einer konstruktivistischen Pädagogik im Gegensatz zu den heute stark geförderten Teleteaching- und Virtual Campus-Projekten, die im Gewand hochmoderner Technologie zu einer anachronistischen Frontalpädagogik zurückführen (vgl. Simanowski 2000a).

wegen und ganz Skandinavien zu etablieren, gestützt auf die großzügige Finanzpolitik des Norwegian Research Council, deren Weitsicht man aus deutscher Perspektive nur bewundern kann (Aarseth 1999). Raine Koskimaa, dessen Dissertation *Digital Literature. From Text to Hypertext and Beyond* Aarseth mitbetreute, gab 2000 mit Markku Eskelinen den ersten Band des *Cybertext Yearbook* heraus, das skandinavische und amerikanische Wissenschaftler vereint (Eskelinen/Koskimaa 2001).

Als die DAC 2001 an die Brown University ›heimkehrte‹, schloss sich also ein Kreis, der inzwischen freilich schon eine Menge weiterer Kreise gezogen hatte.[34] Der Kreis dieses Aufsatzes schließt sich wiederum mit Koskimaas Vorwort zu seiner Dissertation, in dem er erklärt, dass sein Interesse an digitaler Literatur weder in Amerika noch in Skandinavien begann, sondern in Deutschland, genauer: in Berlin. Dort wurde er einst in einem Veranstaltungsführer auf das erste Softmoderne-Festival hingewiesen, auf dem Michael Joyce sein *Afternoon* präsentierte und auf dem auch Robert Coover zu Gast war. »Soon after that first contact with hyperfiction it became evident that my future doctoral dissertation thesis would have something to do with hypertexts«, erklärt Koskimaa und schließt an: »As far as I know, the Softmoderne Festival is still alive – I hope them the best of luck!«

Die Softmoderne gibt es leider nicht mehr. Sie konnte, anders als die Digital Arts and Culture Conference, die Euphorie und Bedeutung ihrer ersten Stunde nicht fortführen. Gründe dafür liegen in der ungünstigeren Finanzierungs- und Organisationssituation, aber auch in der gewachsenen Skepsis ihrer Veranstal-

[34] Es sei hier nur verwiesen auf Katherine Hayles am English Department der University of California – Los Angeles (www.english.ucla.edu/faculty/hayles/index.html) und auf das Georgia Institute of Technology (www.gatech.edu), wo J. David Bolter und Richard Grusin arbeiten und wohin inzwischen auch die Autorin von *Hamlet on the Holodeck*, Janet H. Murray, vom MIT gewechselt ist.

ter, ob der Gegenstand den Aufwand lohnt. Die Skepsis ist angesichts des ausbleibenden Durchbruchs der digitalen Literatur vielleicht nicht unbegründet, und die erwähnte Enttäuschung über die bestellten Berlin-Hypertexte auf der letzten Softmoderne mag ihren Teil beigetragen haben.

Andererseits ist auch der zugrunde liegende Ansatz zu überdenken. Man sollte sich nicht von der zu beobachtenden Redundanz und Stagnation bestimmter Diskussionszirkel in der deutschen Netzliteratur-Szene entmutigen lassen, und man muss freilich über das etwas angestaubte Konzept des klassischen Hypertexts hinausgehen. Nimmt man die ganze Vielfalt digitaler Literatur in den Blick, einschließlich ihrer Annäherungen an das, was gemeinhin als Netzkunst bezeichnet wird, dann eröffnet sich eine Menge an interessanten, höchst unterschiedlichen Experimenten im Feld der digitalen Ästhetik. Einige davon sind auf *dichtung-digital* ausführlich beschrieben, einige findet man auf der diesem Buch beigegebenen CD-ROM – als Dokumentation eines Wettbewerbs, der Auftakt sein könnte zu einer neuen Runde in der Geschichte der digitalen Literatur.

5. Jürgen Daiber: Miss Latex, Harry Potter und der verrückte Affe – oder: Zum (noch) ungeordneten Verhältnis von digitaler Literatur und Literaturwissenschaft

Charles Baudelaire, so geht die Erzählung, soll mit dem lang anhaltenden Schrei »Ich muss jetzt Tannhäuser hören!« durch die Gassen von Paris getaumelt sein. Baudelaire hatte in der Hauptstadt Wagnersche Töne vernommen und war süchtig danach geworden. Zwei Schwierigkeiten nun standen dem Dichter beim Versuch einer Wiederholung seines akustischen Rausches im Wege und eine davon erwies sich als schlechthin unüberwindbar. Erstens: Wagners Werk war nach einem Premierenskandal in der Seine-Metropole abgesetzt worden. Schlimmer jedoch und zweitens: Man schrieb die Mitte des 19. Jahrhunderts.

Weder Grammophon noch Schallplatte existierten zu jener Zeit in Paris und auch anderswo (Hiebel et al., 1999, 599).[35] Damit fehlten Baudelaire jene Tonträger, welche als Speicher- und Reproduktionsmedien dem musikversessenen Poeten die klangliche Realisation seiner Wagner-Sehnsucht auch außerhalb der Mauern der Pariser Oper hätten bieten können.

Die Medienwissenschaft hat Baudelaire als »Medientantalus« (Hörisch, 259) verbucht. Dies mag ein wenig übertrieben sein, verweist jedoch ungeachtet des hyperbolischen Gestus auf jenen Schmerz- und Ohnmachtsaffekt, welcher erzeugt werden kann, wenn private Sehnsucht und mediale Wirklichkeit durch einen Technikabgrund voneinander geschieden sind.

Eine derartige mediale Leiderfahrung – nicht von Baudelaire-Wagnerscher Dekadenz, eher in der vergleichsweise moderaten Dimension postmodernen Zimmertemperaturdaseins – machten auch die Teilnehmer der Sektion IV des Deutschen Germanistentages Ende September bis Anfang Oktober 2001 in Erlangen. Nomen est omen: »Virtualisierung I – Von der Gutenberg-Galaxis ins World Wide Web« – der Sektionsname gab der Hoffnung Nahrung, die Germanistik als Philologie schicke sich im fränkischen Städtchen endlich an, ihr dem Rufe nach angemottetes fachliches Know-how mit den Höhen des Zeitgeistes kompatibel zu machen.

Es handelte sich um eine Fiktion. Spätestens als der Eröff-

[35] Am 26. September 1877 meldet Emile Berliner in Washington das »grammophone«, einen Apparat zum Abspielen von Platten mit Seitenschrift, zum Patent an. Die ersten Versuche mit einer rußüberzogenen Glasscheibe, in die eine Aufnahmenadel eine Rille in den anschließend gehärteten Ruß graviert, ersetzt man später durch eine Metallplatte aus reinem Zink, die mit einer Mischung aus Wachs und Benzin beschichtet ist.

nungsredner der Sektion – unglücklicherweise ist er mit dem Verfasser dieser Zeilen identisch – sich anschickte, ein kleines Referat namens »Ars poetica und Hypertext« zum Vortrage zu bringen, wurde er unsanft in die vordigitale Wirklichkeit zurückgestoßen. Einige Internet-Seiten sollten im Laufe seines Beitrages aufgerufen und per Video-Beamer den Tagungsteilnehmern optisch zugänglich gemacht werden. Indes verfügte die Virtualisierungs-Sektion IV, welche den Weg von Gutenbergs Setzkasten hin zum Domain Name System Server nachzustellen beanspruchte, über keinen Online-Zugang. Es ging ums World Wide Web, aber niemand vermochte in Erlangen auf dem Germanistentag ins World Wide Web zu gelangen.

Ein wenig glich die Situation aller Beteiligten jener des armen Mannes vom Lande in Kafkas Erzählung »Vor dem Gesetz«. Gerne wäre man ins elektronische Arkanum hinter dem Tore eingedrungen, der unnachgiebige Türhüter jedoch hatte den Stecker aus der Steckdose gezogen.

Kennt die Literaturwissenschaft ihren Untersuchungsgegenstand nicht? Weiß tatsächlich kaum ein/e Germanist/in, wovon er/sie spricht, wenn von Hypertexten, von einer medienästhetisch orientierten Literaturwissenschaft, von einer neuen Lesbarkeit der Medien-Welt angesichts der Multi- und Intermedialität des Netzes die Rede ist? Ist der Kaiser nackt? Oder wenigstens spärlich bekleidet? Verfügt die Literaturwissenschaft angesichts dessen, was momentan in den digitalen Räumen des Netzes entsteht, über ausschließlich obsolete Analysekriterien? Unterwirft sie die animierten, intermedialen und hypertextuellen Produkte digitaler Literatur denselben Kulturtechniken, mit denen sie Schillers *Don Carlos* und Peter Handkes *Wunschloses Unglück* analysiert? Geht sie mithin von einem für das Netz überholten Textbegriff aus? Ist sie unfähig, sich auf die mediale Wandlung einzulassen, und überlässt das Terrain den anderen Medien- und Kulturwissenschaften, falls sie sich von diesen nicht ohnehin in parasitärer Manier absorbieren lässt? Dies wäre wunschloses Unglück. Nicht mehr und nicht weniger.

Doch es wächst, sehr frei nach Hölderlin, dort, wo die Not am größten ist, auch das Rettende. Schritt für Schritt schaffen sich auch in der Germanistik[36] Stimmen Raum, die den Übergang von einer reinen Text- zu einer medial orientierten Wissenschaft einklagen. Schrift – und auf ihr basierend Literatur – ist im Kanon dieser Stimmen nur ein Teil des medialen Konzertes. Frei von der gängigen, aber historisch und systematisch allzu kurz gedachten Rede über eine Literatur, welche durch die Verbindung mit den elektronischen Medien zum Verschwinden gebracht werde,[37] nimmt sich die Literaturwissenschaft des medialen »Bastards« an.

Der Reihe nach. Mit jener klassischen Literatur, welche dem Trägermedium Buch aus der guten alten Gutenberg-Galaxis verpflichtet war und ist, haben Hyperfictions kaum mehr etwas gemein. Denn Netzliteratur kommt aus der Steckdose. Was bis ans Ende des vergangenen Jahrhunderts der granitenen Steintafel, der ungegerbten, gespannten Tierhaut, der Papyrusrolle, dem Pergament oder der schlichten Kladde aus Cellulose anvertraut war, wird in der Literatur des Netzes entmaterialisiert, in die schwerelosen Signale der Bits und Bytes transformiert.

[36] Stellvertretend seien hier Michael Böhler (Zürich) und Reinhard Döhl (Stuttgart) genannt. Auch an den Universitäten Erfurt (Christiane Heibach) und Trier (Jürgen Daiber) entstehen Forschungsschwerpunkte innerhalb der Literaturwissenschaft, die Analyse digitaler Literatur betreffend. Die Liste ließe sich mühelos potenzieren.

[37] Paradigmatisch für die Befürwortung bzw. Ablehnung einer Öffnung der Germanistik zur Kulturwissenschaft und damit auch zur Medien- und Technikforschung hin steht die Auseinandersetzung zwischen den Herausgebern der *Deutschen Vierteljahrsschrift für Literaturwissenschaft und Geistesgeschichte.* Vgl. Walter Haug: »Literaturwissenschaft als Kulturwissenschaft?« in: DVjs 73 (1999), 69–93; sowie Gerhart von Graevenitz: »Literaturwissenschaft und Kulturwissenschaften. Eine Erwiderung.«, in: DVjs 73 (1999), 69–93.

Hyperfiction – Netzliteratur – digitale Literatur: Über den Begriff soll hier nicht gestritten werden. Das wurde an anderer Stelle bereits kompetent getan. Ich folge in meiner Terminologie Anregungen von Simanowski (Simanowski 2001b) und spreche neben Hyperfiction von digitaler Literatur. Mit digitaler Literatur sei eine Form der Literatur bezeichnet, deren ästhetische Existenzvoraussetzung unabdingbar mit der Maschine Computer verknüpft ist. Dies ist nicht allzu puristisch gemeint, sondern als bewusst weit gezogene Definition gefasst, welche die Rezeption und Distribution von digitaler Literatur auf lokalen Datenträgern wie CD oder DVD miteinschließt. Digitale Literatur kann jedoch – trotz offline-Speicherung – ihre ästhetischen Eigenschaften nicht ohne das Medium Computer entfalten. Sie lässt sich nicht rematerialisieren, nicht zwischen die Deckel eines Buches pressen, ohne dass sie etwas verliert, was als medialer Mehrwert gegenüber Buchliteratur bezeichnet werden kann.

Worin liegt nun dieser mediale Mehrwert von digitaler Literatur gegenüber herkömmlicher Literatur? Einige Leitbegriffe kursieren in der Diskussion, auf die bereits in zahlreichen anderen Arbeiten verwiesen wurde.[38] Drei dieser Leitbegriffe sollen im Folgenden näher betrachtet werden: Interaktivität, Hypertextualität, Multimedialität. Anhand dieser Begriffe können a) die Unterschiede *und* die Gemeinsamkeiten zwischen Hyperfiction und Buchliteratur transparent gemacht werden; kann b) demonstriert werden, dass Hyperfictions nicht umfassend mit der literarischen Tradition des Buches brechen, um zu einer eigenständigen Ästhetik zu finden, und soll c) gezeigt werden, dass die Literaturwissenschaft bei all diesem Geschehen viel mehr zu bieten hat, als das mittlerweile im Zuge der Hyper-

[38] Vgl. Simanowski 2001. Eine unerschöpfliche Fundgrube bildet auch das von Roberto Simanowski herausgegebene Online-Magazin zur aktuellen Netzliteratur *dichtung-digital*.

fiction-Theorie zur Floskel degradierte Diktum Roland Barthes' vom »Tod des Autors« (1967!) nachzubeten oder mediale Bankrotterklärungen à la »Miss Latex« chattet und »Harry Potters Muggel«[39] als Pfand in den digitalen Ring zu werfen.

a) Die Suche nach dem Netz-Ulysses (Interaktivität)

Interaktivität: Dies schien anfangs das Zauberwort digitaler Literatur zu sein, welches die Tür zu kühneren, lichteren Türen des Geistes aufzustoßen versprach. Einer schreibt einen Text in seinen Computer, stellt ein paar animierte Grafiken dazu, und Hunderte andere Hyperfiction-Autoren oder auch Möchtegern-Autoren überall auf dieser Welt verteilt können diesen Text gleichzeitig lesen, infrage stellen, ergänzen, verändern. Der Rezipient sollte zum Textproduzenten werden, der Fluch des geschlossenen Textes sollte aufgehoben, das Dogma des einzigen, auktorialen Autors, der sich zum Schöpfergott aufspielte, zu Grabe getragen, das Ende der großen, linearen Erzählungen eingeläutet werden. »Dezentrierung des Subjekts«, »Tod des Autors«, »Eliminierung der Linearität aller Diskurse« – die poststrukturalistische Derrida/Lacan/Foucault-Soße war angerichtet, es wurde vor allem im angelsächsischen Raum kräftig gerührt und abgeschmeckt (Landow 1992), und mit dem üblichen zeitlichen Nachklapp von fünf Jahren sprangen deutsche Theoretiker (Idensen 1995, Bolz) auf den transatlantischen Trendzug auf.

Betrachtet man die Sache etwas nüchterner und aus der zeitlichen Distanz von mittlerweile zehn Jahren Hyperfiction, fällt die Bilanz weniger aufgeregt aus. Ein von der DFG gefördertes Projekt feierte 1999 die Rückkehr des Autors, der m. E. niemals verschwunden war, und der von Hyperfiction ermächtigte Leser

[39] So die unfreiwillig komischen Titel zweier unfreiwillig komischer Beiträge auf dem Germanistentag 2001.

scheint – so eines der Ergebnisse des IASL-Forum Netzkunst in München 2000 (Jannidis et. al.) – keineswegs begierig darauf, dem Autor die Arbeit abzunehmen. Man kann ihn verstehen. Mitschreibprojekte machen sicher dem einen oder anderen Spaß – und daran ist nicht das Geringste zu mäkeln. Nur: Bei diesen Projekten wird alles Mögliche entstehen; in der Mehrzahl jedoch keine Literatur, die eine größere Anzahl von Rezipienten online hält. Kreative Ausreißer – wie Alvar Freudes und Dragan Espenschieds 1999 beim Ettlinger Internet-Literaturwettbewerbs-Preis ausgezeichneter *Assoziationsblaster* – bilden wohltuende Ausnahmen.

Der Grund: Letztlich kommt auch digitale Literatur als Kunstform nicht um jenen schöpferischen Akt herum, den der Wissenschaftsjournalist Dieter E. Zimmer lakonisch als »die Arbeit des Ausdrucks« (Zimmer, 56) gekennzeichnet hat. Gemeint ist – wie ich andernorts entfaltet habe (Daiber, 21 ff.) – die Konzeption narrativer Muster, die den Lauf der digitalen Erzählung immer wieder auf einen kausalen, chronologischen, konsistenten, linear rezipierbaren Algorithmus zurückbiegen. Denn dass jede Geschichte einen Anfang, eine Mitte und eine Ende hat – bei allen Rückblenden, Vorausdeutungen, simultanen Erzählsträngen, alternativen Leselinien, die ja auch gedruckte Literatur seit langem kennt –, ist mehr als eine lieb gewordene Gewohnheit, die Textproduzent und Rezipient jederzeit abstreifen könnten. Solch – horribile dictu – *schöpferische Kompetenz* verlangt einen Autor, der den Überblick auf seine Erzählung wahrt, nicht ein paar Dutzend einander unbekannter Menschen, die gleichzeitig an einem Text herumschreiben. Man muss nicht Esoteriker oder ein dem elitären Geraune hermetischer Literatur verpflichteter Rezipient sein, um zu erkennen, dass Basisdemokratie im Reich der Ästhetik – und wohlgemerkt nur dort – keine erstrebenswerte Größe ist. Wenn hundert schmachtende Jünglinge der Tastatur ihre literarischen Fantasien einbläuen, entstehen im Idealfall interessant-bizarre Dada-Konstruktionen, sicher aber kein zweiter *Don Carlos*. Nicht umsonst warten wir bis heute auf den »Netz-Ulysses« (Hermann Rotermund). Joyce war Einzelgänger und wäre wohl kaum auf die Idee gekommen, sein Manuskript einem Passanten in Dublin zum Mitschreiben anzuvertrauen.

Schraubt man die Erwartungen auf ein realistisches Maß zurück, erscheint jedoch ein zweites interaktives Kriterium jenseits der Mitschreibprojekte geeignet, zumindest in einer ersten Bewegung das innovative Potenzial digitaler Literatur auszuloten. Denn interaktive Literatur erlaubt dem Rezipienten einzugreifen in das, was er aus den Tiefen der digitalen Räume holt. Zwei Kriterien spielen hier eine Rolle: die Reihenfolge und das Tempo der Rezeption. Der Benutzer bahnt sich seine eigene Leselinie durch den Hypertext, und wenn dieser gut gemacht ist, führen ihn mehrere Wege nach Rom, sprich: zu einem Lesevergnügen. Ziel ist also, verschiedene Positionen des Textes zum Einstiegsort der Lektüre machen zu können und mittels eigener Linkentscheidungen sich Schneisen durch den Text- und Bilderdschungel zu schlagen. Derartige Hyperfictions[40] machen die Lektüre zu einem jig-saw-Puzzle (Ryan), einer Art Kreuzworträtsel, bei dem der Rezipient sich wie ein Detektiv die »Lektüre-Teilchen« zusammensuchen muss. Es ist hier jedoch wie in jedem guten Krimi und bei jedem guten Puzzle: Der Detektiv löst den Fall nur, er ist nicht am Verbrechen selbst beteiligt. Die Metapher aufgelöst: Ob ein solches Kreuzworträtsel Interesse weckt, hängt von seiner Konstruktion, seinem Bau ab, und dieser Bau liegt in den Händen des Autors, der als Architekt und Bauherr fungiert. Der Rezipient

[40] Vgl. *Afternoon* und *Twelve Blue* von Joyce Michael. Ein gutes Beispiel für die Wirkungsmächtigkeit alternativer Leselinien bietet die Arbeit *Quadrego* von Stefan Maskiewicz. Anhand eines verschachtelten Spiels von vier Bild-Text-Ebenen, die mittels einer elaborierten Link-Semantik nahtlos ineinander überzugehen scheinen, führt *Quadrego* den Rezipienten mitten ins Zentrum der gespaltenen Ichwelt einer jungen Frau. Die Arbeit wurde mit dem Jurypreis von dtv und T-Online Literatur.digital 2001 ausgezeichnet.

durchschreitet anschließend das Gebäude. Er entscheidet, welche Zimmer er zuerst besichtigen will. Architekt des Hypertextes, Erbauer des digitalen Labyrinths ist er nicht.

b) Schneisen im Netzwerkdschungel (Hypertextualität)

Von den mittlerweile unüberschaubar gewordenen Definitionsvorschlägen zum überstrapazierten Terminus »Hypertext« scheint mir die Kennzeichnung von Hypertext als einem »Medium der nicht-linearen Organisation von Informationseinheiten« die überzeugendste zu sein (Kuhlen, 27).[41]

Nicht-Linearität meint hierbei schlicht, dass dem Leser mehrere Möglichkeiten der Lektüre beim Gang durch den Hypertext offen stehen, da dieser sich aus unterschiedlichen Informationseinheiten zusammensetzt. Da diese Informationseinheiten zudem aus unterschiedlichen Medien bestehen können – Text, Bild, Ton –, wird Hypertext heute in einem Atemzug mit dem Terminus Hypermedia genannt. Hypertext oder Hypermedia – Prämisse und zentrales Argument bleibt, dass die Präsentationsform des Dargestellten sich dem Rezipienten in vernetzt topologischen, nicht-linearen Strukturen darbietet. An dieser Stelle muss auf eine terminologische Verwirrung hingewiesen werden: Die Darstellung der Information in einem Hypertext ist nichtlinear, vernetzt, verschachtelt, multi-dimensional. Die Rezeption dieser nicht-linear dargestellten Informationseinheiten erfolgt jedoch linear. Linear in dem Sinne, dass einem Hypertextleser gar nichts anderes übrig bleibt, als sich in einer Hypertext-

[41] Der Begriff »Linearität« stammt ursprünglich aus der Mathematik. Hier bezeichnet er eine Beziehung, welche die durch sie verknüpften Größen in eine regelhafte Folge bringt. So ist etwa in der Geometrie mit dem linearen Verlauf einer Kurve ein geradliniger Verlauf bezeichnet, dessen Ausdehnung sich nach einer Richtung vollzieht und dessen Entwicklung dadurch voraussagbar wird.

sitzung Schritt für Schritt in linearer Abfolge seine Pfade durch den Hypertext zu schlagen.

Dies ist insofern wichtig, als dieses Argument auch auf die Struktur des Hypertextes selbst anwendbar wird. Die Tatsache, dass ich Information formal nicht-linear darzubieten vermag, muss nicht zwangsläufig auf eine Nicht-Linearität des Inhalts verweisen.

Meine These – die ich am Punkte der Multimedialität belegen will – ist vielmehr folgende:

Ein vollkommener Verzicht auf lineare, chronologische Linien innerhalb der Erzählung – also Nicht-Linearität auf der Inhaltsseite – dekonstruiert die Nicht-Linearität der Form des Hypertextes zu einer amorphen Masse, die keinesfalls das Leseinteresse fördert. Die durchschnittliche Dauer eine Internet-Session beträgt eine halbe Stunde, die durchschnittliche Verweildauer bei einer Webseite 55 Sekunden. Dies im Hinterkopf, scheint mir jeglicher Verzicht auf Kausalität, Linearität und organisierte Abfolge innerhalb der Linie der Erzählung auch für digitale Literatur fatal. Ein solcher Verzicht wird bei den meisten Lesern nicht gesteigertes Dechiffrierinteresse der Hyperfiction, sondern schlicht und ergreifend Langeweile angesichts ausbleibenden Text- und Bildverständnisses hervorrufen und zwangsläufig den Akt des Wegklickens nach sich ziehen. Gefragt ist also eine Art multiple Kausalität, eine Form der Abfolge, welche die unterschiedlichen Ebenen der Texte als Wegweiser durch das semantische Labyrinth aneinander knüpft.[42]

Auch hier vermag die Literaturwissenschaft für die Analyse digitaler Literatur ihren Beitrag zu leisten. Aus hermeneutischer Perspektive gilt der Grundsatz, dass Leseinteresse nur durch eine schrittweise Abnahme der Informationsdifferenz zwischen Text

[42] Dieser »Wiedererkennungswert« ließe sich etwa über das Figurenpersonal, über aufgenommene und/oder variierte Handlungselemente in den einzelnen Textsegmenten, aber auch über leitmotivisch eingesetzte Ton- und Bildelemente erzeugen.

und Rezipienten erzeugt werden kann. Der Rezipient unterzieht sich mit anderen Worten nur dann der Mühe der Rekonstruktion einer ihm unbekannten Weltversion, wenn der Text ihn zuvor mit Bekanntem zur Lektüre dieser Weltversion reizt. Erst dieses Wechselspiel von Bekanntem und Unbekanntem, von kontingenten und kohärenten Bausteinen sichert Aufmerksamkeit. Diese für die Buchliteratur gültige Erkenntnis behält möglicherweise auch für Hyperfiction Relevanz und lässt sich nicht ohne weiteres aushebeln. Konkret und als Formel ausgedrückt: Je nicht-linearer Text- und Bildorganisation auf der Seite der Form präsentiert werden, desto notwendiger ist es, die Flut der Information inhaltlich auf einen rezipierbaren Algorithmus zurückzuführen. Ich denke, dass die Linearität der Erzählung ein unverzichtbarer Bestandteil dieses Algorithmus ist.

Um diese These einer nicht-linearen Organisation der Erzählung bei gleichzeitig linearer, narrativer Inhaltsstruktur aus der Sphäre bloßer Spekulation herauszubefördern, bedarf es noch einer Vielzahl empirischer Studien, die Aufschluss über das Rezeptionsverhalten bei der Lektüre von Hyperfictions geben. Exakt diese Studien fehlen bisher weitgehend oder kommen – so vorhanden – zu uneinheitlichen Ergebnissen (Daiber, 28 f.).

Es bleibt also abzuwarten, welche ästhetische Struktur die nächste Generation der Hypertexte aufweisen. Jene einer verstärkt nicht-linearen Informationsaufbereitung, die dann auf eine veränderte Wahrnehmungsmentalität beim Rezipienten stoßen müssen. Oder aber – wovon ich ausgehe – jene einer Mischform, sprich: eines ausbalancierten Wechselspiels zwischen nicht-linearer, kontingenter und linearer, kohärenter Informationsaufbereitung.

c) Als die Bilder rechnen lernten (Multimedialität)

Das Wechselspiel von Wort, Bild, bewegtem Bild und Ton ist das, was digitale Literatur klassischer Buchliteratur im eigentlichen Sinne voraushat. Die extreme Speicherfähigkeit und ungeheure Schnelligkeit des Computers bei der Durchführung von Rechenoperationen prädestiniert ihn zu dieser medialen Fusion. Computer sind die »Mehrfachschnittstellenvermittler« (Hiebel 1998, 244) schlechthin.[43] Am Bildschirm lässt sich Musik komponieren, lassen sich Filme und Fotos in hochkomprimierten Dateien speichern und verarbeiten, Tabellen und Kalkulationen erstellen. Der Computer rechnet, zeichnet, schreibt, verwaltet, speichert, verschiebt und reproduziert. Er vermag dies, weil er in stupender Einseitigkeit jedes Bild, jedes Wort, jeden Ton in den binären Code, in die digits 0/1 transformiert. Strom ein oder Strom aus, zählen nicht erzählen.

Ob diese radikal-mediale Umwandlung von Schrift in bits und bytes, diese »Differenz von Textualität und Elektrizität« tatsächlich zu einer Auslöschung der Wörter und damit zu einer Auslöschung von Literatur führt, darf jedoch glücklicherweise bezweifelt werden (Dotzler, 121 f.).

Wie auch immer: Ein Körnchen Wahrheit zumindest dürfte in der Klage des Literaten Thomas Hettche liegen, der in seinen *Animationen* konstatiert: »Die Gebäude der Sprachwelt, in der wir jetzt noch wohnen, werden schon bald weitgehend verlassen und unter dem Sand der Bilder begraben sein.« (Hettche, 122) Was sich in den aktuellen Produkten digitaler Literatur abzeichnet, ist in der Tat Folgendes: Sie hängen in gleichem oder stärkerem Maße vom Design der Bilder, Töne, Animationen wie von der Ebene des Textes ab.

[43] Werden Bilder verarbeitet, funktioniert der Computer wie ein Fernsehgerät; werden Töne verarbeitet, funktioniert er als CD-Player oder Radioempfänger; bei der digitalen Verarbeitung analoger Tonsignale als Synthesizer oder Sampler, bei der Verarbeitung von Texten als Satzautomat.

An dieser Stelle fällt zwangsläufig der Begriff Multimedialität. Neben der Hypertextualität liegt hier das machtvollste Instrument digitaler Literatur, jener mediale Mehrwert im Hinblick auf Buchliteratur, der diesen Namen verdient. Multimedialität: Es scheint auf den ersten Blick jedem einzuleuchten, was gemeint ist und wie es funktioniert. In den Computer lassen sich mehrere Sinneskanäle integrieren. Riech-, Tast und Temperatursinn bleiben vorerst ausgeschlossen, die Integration von Text, Ton und Bild ist jedoch mittlerweile vollzogen, und mittlerweile hat diese Integration aufgrund verbesserter Software ihre frustrierende Ungelenkigkeit verloren. Der Grund liegt in der professionalisierten Multimedialisierung des Web. Editoren wie Macromedia Director und die Animationssoftware Flash 5 lehren die digitalen Bilder ohne ennervierende, endlose Wartezeiten das Laufen. Für diese Professionalisierung sprechen weiterhin verbesserte Kompressionsverfahren (Tiff, MPEG, JPEG), welche indizierte Bilddateien so klein wie möglich halten und die Bilder ohne Verlust an Farbtiefe auf dem Schirm reproduzieren. Wie immer hat die Medaille auch in puncto technischer Innovation zwei Seiten. Die Rückseite besteht darin, dass die forcierte Animation den Text zu erdrücken droht und statt Lektüre nur noch ein »Klickibunti«-Spektakel stattfindet, wie es etwa Beat Suter (Suter 2000a) herannahen sieht. Digitale Literatur wäre dann mehr Film als Literatur, mehr Bildbetrachtung als Wortrezeption, mehr Ästhetik des Events als Ästhetik des Worts.

Trotz des erneut beschworenen Bilderfluches: Das Medium Computer bietet m. E. nie da gewesene Chancen für das Medium Literatur. Betrachtet man das zugrunde liegende Problem wiederum aus der Perspektive der Literaturwissenschaft, erkennt man, dass es uralt ist. »Der Geist wird durch das Ohr langsamer erregt als durch das Auge«, resümierte schon Horaz in seiner *Ars poetica,* wo er die Wirkung einer rein sprachlichen Erzählung mit der Wirkung des Theaters vergleicht (Horaz, 15). Prediger aller Weltanschauungen wussten schon lange vor jedem Marketing, dass ein Bild mehr sagt als tausend Worte. Der Grund: Es zielt unmittelbarer auf unsere Affekte, als dies die Sprache tut, auf das, was die Linguisten als Appellfunktion jedes kommunikativen Akts bezeichnen. Deren wichtigste Funktion liegt in der Ausdrucks- und Darstellungsfunktion (Gombrich, 135 f.). Hinzu kommt, dass unser visuelles Gedächtnis weit dauerhafter als unsere Erinnerung an Texte ist. Aus diesem Grund vergessen wir eher einen Namen als das zu ihm gehörige Gesicht. Wir erinnern, dass ein Zitat in der oberen linken Ecke einer Seite positioniert war, selbst wenn wir den Wortlaut des Zitats nicht mehr kennen. Dies führte in der Geschichte der Mnemotechnik zum Bau sogenannter Erinnerungspaläste, mental konstruierte Räume, in deren visualisierten Zimmern abstraktes Wissen deponiert wurde (Yates).

Nun funktioniert der simple Dualismus Bild = Emotion, Affekt, intakte Erinnerung/Wort = rationaler Diskurs, Abstraktion, schnelles Vergessen längst nicht in dieser schematischen Absolutheit. Gerade die Metaphorik der Poesie hat laut Aristoteles die Funktion, abstrakte Begriffe mittels Übertragung in sprachliche Bilder zu kleiden. Mit anderen Worten: Auch Sprache lebt von Bildern. Dies bestätigt uns die moderne Neurophysiologie, welche betont, dass unser Gehirn ein parallelverarbeitendes System bildet, in welchem Bild- und Textverarbeitung nebeneinander, nicht nacheinander vonstatten geht. Wir denken, wenn wir fühlen, und vice versa (Arnheim).

Weshalb überhaupt Bild und Wort gegeneinander ausspielen? Weshalb Oppositionen betonen und nicht kreative Koexistenzen? Ut pictura poesis – wie ein Bild sei das Gedicht, dieses von der Renaissance missdeutete Zitat aus Horaz' *Ars poetica* (Horaz, 26) führte zum Mimesis-Prinzip und der bis ins 18. Jahrhundert erhobenen programmtischen Forderung einer Dichtkunst, welche die Wirklichkeit naturgetreu, ähnlich einem Bilde darzustellen habe. Ut pictura poesis meint jedoch einen anderen Zusammenhang, eine tiefer liegende Korrespondenz zwischen Wort und Bild. Diese tiefere Korrespondenz – so meine These – bildet die Basis jeglicher Multimedialität. Und letztlich könnte eine Besinnung auf die Wurzeln dieses Zusammenhangs die Literatur der Zukunft prägen.

Denn Hyperfictions sind von ihren technischen Voraussetzungen her – erstmals in der Geschichte der Literatur – in der Lage, diese Korrespondenzen von Wort und Bild in weitem Umfange zu nutzen. Von welchen Korrespondenzen spreche ich? Betrachten wir uns in diesem Zusammenhang die Emblematik des Barock.

Du fragst, was diese ineinander verwickelten Schlangen bedeuten, aus denen die gehörnte Schlange mit ihrem Kamm hervorragt und deren gewundene Leiber von der Hand zerschnitten werden, die das Schwert vom hohen Himmel herab schwingt? Nach Art und Namen sind sie wohlbekannt; Satan, den der Zorn des gerechten Gottes zum Verderben der Welt bewaffnete, hat sie aus der unheilvollen Hölle herangebracht. Aber Christus erbarmt sich schließlich über das bittere Los der Menschen und zerschlägt es mit dem gezückten Schwert des Wortes.

(*Emblemata. Handbuch zur Sinnbildkunst des XVI. und XVII. Jahrhunderts,* hg. von Arthur Henkel und Albrecht Schöne, Stuttgart/Weimar 1967, Sp. 644)

Ein Emblem ist bekanntlich dreiteilig aufgebaut. Es verfügt über ein Bild, die pictura (auch Icon, Imago oder Symbolon) genannt. Über diesem Bild erscheint in der Regel eine kurz gefasste Überschrift, die sogenannte Inscriptio (»Erlösung durch Christus«). Die Inscriptio gibt so etwas wie eine aus dem Bilde abgeleitete Devise an, eine knappe Sentenz, eine sprichworthafte Feststellung oder ein lakonisches Postulat als Reflex auf das Abgebildete. Unter dem Bild steht schließlich die subscriptio, die das im Bilde Dargestellte erklärt und auslegt und aus dieser Bilddeutung häufig eine allgemeine Lebensweisheit oder Verhaltensregel, zumeist in Form eines Epigramms, zieht.

Entscheidend für meine Überlegungen ist nun Folgendes: Inscriptio und Subscriptio sollen so etwas wie eine Rätsellösung des im Bilde Dargestellten mittels des Mediums der Sprache leisten. Abbildung und Auslegung, Darstellung und Deutung des Dargestellten mittels Sprache – dies ist der Kern barocker Emblematik. Dem Bilde wohnte mit anderen Worten neben seiner reinen Darstellungsfunktion ein rätselhafter, enigmatischer Charakter inne, welche eine Deutung durch das Wort verlangte.

Nicht alle barocken Embleme sind dem Wirklichkeitscharakter des im emblematischen Bilde Dargestellten zugeordnet, den etwa Sulzer und Reimann betonen. Die Pictura ist also keineswegs immer »ganz aus der Natur« gewonnen und in ihrer Darstellung einer potenziellen Faktizität verpflichtet. Das Bild bedeutet, pointiert gesagt, immer mehr, als es zeigt. Die interessantesten Darstellungen emblematischer Picturae stellen rätselhafte, geheimnisvolle Zeichen dar, die der Deutung durch das Wort dringend bedürfen. Chimären, Zentauren, weibliche Gestalten ohne Kopf, enigmatische Darstellungen historischer, mythologischer oder biblischer Figuren, die in seltsame Bildumfelder hineinversetzt werden.

Das Rätsel, das Enigma, speiste sich dabei aus den Reizen der raritas, novitas, obscuritas. Es waren genau diese Reize des rätselhaft Dunklen, geheimnisvoll Ungewöhnlichen und auch bizarr

Absonderlichen, welche den Erfolg, die Aufnahme und Verwendung der Emblemata in weiten Kreisen der Rezipienten sicherten und welche gleichzeitig nach einer Auslegung des Dargestellten durch das Wort verlangten. Diese Doppelfunktion des Deutens und Darstellens speist jede geglückte Wort-Bild-Beziehung.

Für die Literaturform des 21. Jahrhunderts, für digitale Literatur meint dies nicht, die Picturae der Renaissance- und Barock-Hieroglyphik einzuscannen und animierten Epigrammen gegenüberzustellen. Was digitale Literatur aus literarischer Tradition vielmehr lernen kann, ist Folgendes: Einerseits bedarf es einer Korrespondenz zwischen Wort und Bild, d.h. eines wie auch immer gearteten logischen Bezuges, einer Abfolge, eines Sinnzusammenhangs, einer linearen Struktur.

Andererseits, und das eine ist hier ohne das andere nicht zu haben, darf sich dieser Bezug in der Wort-Bild-Beziehung im Gesamtbau eines Hypertextes nicht in dieser bloßen Korrespondenzfunktion erschöpfen. Es bedarf also anderer, neuer Bilder. Harsdörffer liefert im 17. Jahrhundert so etwas wie eine Rezeptur des perfekten Emblems. Sie ist mit allen Vorbehalten, die gegenüber regelpoetischen Äußerungen angebracht sind, zu genießen. Die Definition besitzt jedoch genug Substanz, um bis auf den heutigen Tag als Denkimpuls zu fungieren. Harsdörffer schreibt: »Die besten [Embleme] sind meines Bedunkens, welche in dem Mittelstande nicht allzuhoch/nicht allzu nieder kommen: die wol verstanden werden können/aber nicht gleich einem jeden eröffnet darliegen.« Soll heißen: Neben der Korrespondenzfunktion von Wort und Bild müssen in der Text-Bild-Beziehung weitere Funktionen hinzukommen. Das Wort muss mehr sagen, als im Bilde zu sehen ist. Das Bild muss mehr zeigen, als sich durch das Wort erklären lässt. Das Wort muss sagbar machen, was das Bild enthält, aber es sagt im Idealfall mehr als das. Es dokumentiert, dass sich unser Sehen in keine Ordnung des Wissens fügt. Das Bild wiederum sollte zeigen, was das Wort beschreibt, aber es sollte auch zeigen, was in Worten nicht auszudrücken ist. Das visuelle Geschehen kann nicht allein auf seine sichtbaren Bedeutungsanteile reduziert werden (Didi-Hubermann). Man hat diese Text-Bild-Funktionen als Konnotationsfunktion bzw. Konfrontationsfunktion (Titzmann, 368f.) bezeichnet und beschreibt damit doch letztlich nur, was das Barock bereits als novitas, raritas, obscuritas bereits gefasst hat.

Ein Beispiel derart geglückter Wort-Bild-Beziehungen liefert *Die zweite Fahrt* von Katharina Bihler, Andreas H. Drescher, Hartmut Oßwald und Stefan Scheib, Publikumsgewinner des von dtv und T-Online initiierten Literaturpreises Literatur.digital 2001. *Die zweite Fahrt* spielt auf furiose Weise mit dem informationellen Mehrwehrt der Multimedialität, den digitale Literatur gegenüber klassischer Buchliteratur nun einmal aufweist. Mittels Flash-animierter Grafiken, deren brillante Bewegungschoreografie durch unterlegte Sounddateien korrespondierende Funktion erfährt, thematisiert der Beitrag die gewaltsame Kolonisation Südamerikas und den nicht minder gewaltsamen Reflex seiner Ureinwohner auf diesen zivilisatorischen Übergriff in bildmächtiger Weise. Implodierende Götzenbilder, von bizarren Organismen parasitär besetzte Körper und in die Dunkelheit des Verbots gleitende Schiffe machen den Zugriff des Fremden anschaulich. Die Visualität des Beitrages erfährt dabei über die Textebene eine semantische Erweiterung. Die optisch evozierte Bedrohung wird sprachlich ausgedeutet, das Rätsel des Bildes erfährt in der Tradition barocker Emblemata ein Deutungsangebot über den Text, ohne dass diese Deutung jedoch den Schleier der visuellen Chiffre endgültig lüften könnte oder wollte.

Deutlich wird: Nichts ist länger eindeutig. Das Bild wird im digitalen Text zur Chiffre, zur Hieroglyphe, zu einer Münze, deren Prägung auf der einen Seite erkennbar ist, auf der anderen Seite sich abgeschliffen hat. Das Wort ist die andere Seite. Es lässt erahnen, was auf der Rückseite des Bildes sich befunden hat. Es leistet einen Beitrag zur Dechiffrierung. Es entziffert einige Seiten, jedoch nicht das gesamte Gebilde. Es ist wie bei altertümlichen Höhlenmalereien: Sie sind verblasst, und es bedarf mühsamer Rekonstruktionsanstrengungen, ihnen ihr ursprüngliches Geheimnis zu entlocken. Wir lösen einen Teil des Rätsels, wir finden einige Stücke des Puzzles, das gesamte Bild setzen wir niemals zusammen.

Versuchen wir es dennoch, droht jene mentale Befindlichkeit, welche im Buddhismus mit dem sprechenden Bild des »verrückten Affen« bezeichnet ist. Der verrückte Affe entfacht ein irrwitziges Szenario in unserem Kopf. Unter seinem Toben kombiniert das Dauerfeuer der Neuronen die Bilder-, Text- und Tonsequenzen zum Bewusstseinsstrom. Doch nur ein Bruchteil des mäandernden Gedankenflusses lässt sich in die Raum-Zeit-Schnittstelle der Welt hinein übersetzen. Der Rest irrlichtert in unserem Innern. Damit haben wir uns abzufinden. Tun wir es nicht, schwappt ab und an ein seltsamer Attraktor der Chaoswelle nach draußen, und der Affe verlässt das Schutzgitter des Innern und gelangt ins Freie. Eichendorff hat in der Schlusssequenz seiner Erzählung »Das Schloß Dürande« vermutlich nicht an einen Primaten gedacht, als er davor warnte, »das wilde Tier zu wecken in der Brust« (Eichendorff, 94). Das Bild trifft dennoch, da auch für die Romantiker die Kunst angesichts des inneren und äußeren Chaos Gift und Heilmittel zugleich bereit hielt. Gut gemachte Literatur – darüber allerdings waren sich Eichendorff, Novalis et al. einig – aktiviert Sinnpotenzial. Sie zwingt den Affen in den Käfig zurück. Und digitale Literatur – dies ist ihr höchstes innovatives Potenzial und ihr Versprechen für die Zukunft – könnte den verrückten Affen auf allen Ebenen bannen: in Wort, Ton und Bild.

II. DIGITALE LITERATUR UND UNIVERSITÄRE PLÄNE

6. Großer Bedarf und geringe Aussichten: Internet und Schule. Interview mit Peter Schlobinski[44]

Peter Schlobinski, Professor für Germanistische Linguistik an der Universität Hannover, hat durch Arbeiten wie »Chatten im Cyberspace«, »Sprache und Kommunikation im Internet« sowie die Herausgabe der *Deutschunterrich*t-Themenhefte *Das Internet – Sprache, Literatur und Kommunikation* (1/00) und *Hypertext – Hyperfiction* (2/01) die neuen Medien vielfältig auch ins akademische und pädagogische Bewusstsein gebracht. Roberto Simanowski sprach mit ihm über die Situation der neuen Medien an deutschen Schulen und Universitäten.

RS: Herr Schlobinski, Sie geben nach dem Themenheft *Das Internet – Sprache, Literatur und Kommunikation* im Rahmen der Zeitschrift *Der Deutschunterricht* nun das Themenheft *Hypertext – Hyperfiction* heraus. Lässt dies auf ein zunehmendes Interesse der Schulen an digitaler Literatur schließen?

PS: Das Interesse ist leider noch begrenzt. Es gibt zwar einzelne Projekte, doch obwohl die Vermittlung von Medienkompetenz

[44] Das Interview wurde im Frühjahr 2001 geführt und zuerst in *dichtung-digital* veröffentlicht: www.dichtung-digital.com/Interviews/Schlobinski-22-Maerz-01.

eine zentrale Aufgabe des Deutschunterrichts ist, geschieht im Hinblick auf Internet und digitale Literatur viel zu wenig. Das von Ihnen genannte Themenheft hat die Funktion, die Lehrer zu informieren und Anregungen für die Beschäftigung mit Hyperfiction zu geben. Ein Problem vieler Deutschlehrer ist die Tatsache, dass sie selbst nicht über eine entsprechende Medienkompetenz verfügen. Man kann nur hoffen, dass, wenn endlich jüngere Lehrer eingestellt werden, sich dies schrittweise ändern wird.

RS: Da muss man freilich zugleich hoffen, dass diese im Internet mehr getan haben als Tickets bestellt oder mp3-Dateien runtergeladen. Ihr Universitätsstudium wird sie jedenfalls kaum auf das Verständnis und die Vermittlung neuer künstlerischer Ausdrucksformen in den digitalen Medien vorbereitet haben.

PS: Das ist richtig. Und auch die jetzige Ausbildung der Deutschlehrer hinkt der Entwicklung hinterher: Viel zu wenig wird an den Universitäten in die Vermittlung von Medienkompetenz investiert. Es ist zu befürchten, dass wir weiterhin Lehrer produzieren, die zwar klassische Literaturwissenschaft beherrschen, aber den neuen medialen Ausdrucksformen relativ hilflos gegenüberstehen. An dieser Stelle muss eine Bildungsoffensive erfolgen.

RS: Da Hyperfictions mitlerweile oft eine Mischung aus Wort, Bild und Ton darstellen, entsteht die Frage, inwieweit man überhaupt noch von Literatur sprechen kann. Welche Folgen hat dies für den Unterricht? Werden die Literaturlehrer künftig mit den Kunst- und Musiklehrern interdisziplinäre Kurse anbieten?

PS: Ich bin nicht Literaturwissenschaftler, denke aber, dass Literatur immer offen definiert wurde, man denke an konkrete Poesie, Arno Schmidt usw., und ich halte das für vernünftig. Was den Deutschunterricht betrifft – Theater- und Filmanalyse spielen hier ebenso eine Rolle wie die Analyse von Zeitungen und Zeitschriften. Von daher ist Hyperfiction originärer Gegenstand des Deutschunterrichts.

Hinsichtlich der Folgen für den Unterricht sind zwei Ebenen zu betrachten. Das eine ist die bereits oben erwähnte Vermittlung von Medienkompetenz, und hier bietet sich fächerübergreifender Projektunterricht geradezu an. Nebenbei auch mit dem Mathematik-/Informatikunterricht. Auf der anderen Seite kommt meiner Meinung nach dem Deutschunterricht die wichtige Aufgabe zu, die neuen Medien kritisch zu begleiten. Welche Auswirkungen hat das Internet auf die Kommunikation, verändert sich die Funktion von Schrift, entsteht eine oberflächliche Scheinperfektion, hinter der die Inhalte zurücktreten, führt die Flüchtigkeit und die Beschleunigung der Information zu Nachlässigkeiten in der Textformulierung, im Umgang mit Sprache? All dies sind Fragen, die im Deutschunterricht thematisiert werden können/sollten.

RS: Vielleicht kann man sogar sagen, dass der Deutschunterricht vor allen anderen Fächern gefordert ist. Denn in diesem Falle bietet das neue Medium ja nicht nur einen neuen Ort, sondern auch einen neuen Gegenstand der Wahrnehmung. Die Gleichungen und Gesetze der Chemie und Physik zum Beispiel können in den neuen Medien anschaulicher gemacht werden, ändern sich aber nicht. Literatur dagegen wird im Netz nicht nur in neuer Weise präsentiert wie beim *Projekt Gutenberg,* sie entsteht auch als ästhetisches Ereignis in völlig neuer Weise: als multineares, interaktives, animiertes Wort-Bild-Ton-Geflecht. Und Ähnliches gilt für die Malerei. Wer, wenn nicht der Literatur- und Kunstunterricht, soll die neuen Schreib- und Lesekompetenzen vermitteln!

PS: Ich gebe Ihnen völlig Recht. Zudem ist die Vermittlung von Schreib- und Lesekompetenz auf der Folie von (neuen) Mediencurricula als Aufgabe des Deutschunterrichts verankert. Der Deutschunterricht also ist der Ort, wo auf Grund inhaltlicher und medienpädagogischer Aspekte neue mediale Formen behandelt werden müssten.

RS: Wie schätzen Sie die Situation neue Medien und Hochschule generell ein?

PS: Die Hochschulen haben wesentlich zur Demotisierung des Internet beigetragen, wenn nunmehr auch die Ökonomisierung alles zu überlagern scheint. Allerdings haben die geistes- und sozialwissenschaftlichen Disziplinen hierbei nur einen geringen Anteil gehabt und dies ist heute auch noch so. Die Infrastruktur an den Hochschulen ist in der Regel hervorragend, die Nutzung dieser Struktur geschieht indes sehr unterschiedlich. Eine wichtige Frage an den Hochschulen ist die der virtuellen Lehre. Hier tut sich einiges. Die Meinungen pendeln zwischen den Polen Hoffen auf Kostenersparnis durch Personalabbau und neuen effektiven Lernformen hin und her.

RS: Telelearning und Virtual Campus stellen zwar neue effektive Lernformen dar, bedeuten didaktisch aber oft auch einen Rückfall in den Frontalunterricht. Die Errungenschaften der kommunikativen und gar der konstruktivistischen Pädagogik scheinen mir eher umgesetzt in komplexen, interaktiven Hypertext-Modellen wie sie z.B. George P. Landow von der Brown University mit dem *Victorian Web* entwickelt und propagiert. Und auch im Hinblick auf die Nutzung von Hypertext im Unterricht haben Untersuchungen gezeigt, dass noch nicht das Klicken, sondern erst die Beteiligung an Modellierung und Strukturierung des Hypertext-Dokuments den kognitiven Stil eines pluralistischen, kritischen Denkens fördert. Mir ist kein ähnliches Projekt im deutschen Kontext bekannt und angesichts der aufwändigen, inhaltlich oft recht vagen Schulen-ans-Netz-Aktionen frage ich mich, ob man nur noch technisch den »Anschluss an die Wissensgesellschaft der Zukunft« sucht (so AOL-Europe-Chef Andreas Schmidt auf der Cebit 2000 in diesem Zusammenhang) und die deutsche Tradition einer kritischen Reflexion der eingesetzten *Bildungs*methoden aufgegeben wurde. Werden ökonomische und didaktische Ambitionen im Feld der digitalen Medien in Deutschland überhaupt zusammengedacht?

PS: Dass das Internet gerade konstruktivistisches Lernen fördere, wird immer wieder betont. Chancen werden gesehen im

Entwickeln gemeinsamer Arbeiten, im kooperativen Produzieren neuer Ideen usw. Demgegenüber findet in der Praxis in der Tat nicht selten eine neue Art von »Frontalunterricht« statt, wobei die Rückkopplung mit dem Dozenten effektiver ist. Ich glaube, dass sich Hybridstrukturen entwickeln werden, dass Teleteaching komplementär zu klassischen Lern- und Lehrformen genutzt wird. Natürlich hängt dies auch vom jeweiligen Fach ab, von der kommunikativen Reichweite – man denke an kooperative Lehrformen über Ländergrenzen hinaus, von didaktischen Intentionen usw. Es macht einfach keinen Sinn, ein Musikinstrument abgelöst von der konkreten Schüler-Lehrer-Interaktion zu lernen.

RS: Welche Rolle kommt in diesem Zusammenhang den staatlichen Institutionen bzw. sonstigen Geldgebern zu?

PS: Ein echtes Problem bei der Finanzierung sind neben den Anschaffungskosten die Folgekosten. Zum einen jene Kosten, die aus der aktuellen Anschaffung resultieren, zum anderen die Kosten aufgrund der schnellen Alterung der Technik. Hinzu kommen Personalkosten für Wartung, Bedienung etc. Für Hochschulen ist dies (noch) finanzierbar, Schulen stoßen schnell an die Grenzen ihrer Möglichkeiten. Entweder sichert der Staat die Finanzierung oder private Sponsoren müssen die Finanzierungslücke decken. Letzteres mit allen Folgen …

RS: Lassen Sie uns in diesem Zusammenhang noch einmal auf das Missverhältnis von Curricula an den Universitäten und Bedarf an Medienkompetenz in den Schulen zurückkommen. Wäre es eine vorläufige Lösung, wenn die Schulen von privaten Kursanbietern das Know-how einkauften, das den LehramtsstudentInnen auf den Universitäten bisher nicht vermittelt wird? Hätte ein solches Dienstleistungsmodell eine Chance auf Finanzierung und auf eine Lobby, solange Schulen der gleichen administrativen Regelung unterstehen wie die Universitäten?

PS: Das kann ich mir gut vorstellen. Ich hatte selbst die Idee, mit Studenten zusammen ein solches Serviceangebot aufzubauen.

Wir haben das mal durchkalkuliert, und es rechnet sich, wobei die Klientel nicht nur aus (zukünftigen) Lehrern bestehen sollte. Allein meine anderen Verpflichtungen und die bürokratischen Hürden haben mich zurückschrecken lassen …

RS: Was bedeutet heute medienkompetent zu sein? Wie könnte die unterrichtsspezifische Umsetzung aussehen, welche Modelle gibt es bereits?

PS: Medienkompetent zu sein heißt, Kenntnisse und Fähigkeiten der Mediennutzung (Computer, Internet etc.) ausgebildet zu haben und den Umgang mit Medien kritisch reflektieren zu können. Für den Bereich neue Medien finden sich Hinweise in dem von Wilfried Hendricks herausgegebenen Buch *Neue Medien in der Sekundarstufe I und II* (2000), speziell zum Deutschunterricht gibt es Vorschläge in dem Buch von Matthis Kepser *Massenmedium Computer. Ein Handbuch für Theorie und Praxis des Deutschunterrichts* (1999). Von einer angewandten Medienpädagogik sind wir jedoch noch weit entfernt.

RS: Künftig also nur geringe Chancen für Bewerber, die keine Homepage besitzen oder nicht wenigstens ihre Bewerbung per E-Mail schicken?

PS: Sicher. Wer nicht grundlegende Anforderungen unserer Mediengesellschaft erfüllt, läuft Gefahr, zu den Verlierern dieser Gesellschaft zu gehören. Von daher ist eine zentrale Frage, wie wir sicherstellen, dass alle die Möglichkeiten erhalten, Medienkompetenz zu erwerben und Zugang zu den neuen Medien zu erhalten.

RS: Hoffen wir, dass entsprechende Publikationen online und in einschlägigen Print-Periodika – wie z. B. *Der Deutschunterricht* – ihren Teil in dieser Hinsicht beitragen. Haben Sie vielen Dank für das Gespräch.

7. Der flexible Medienwissenschaftler als postmoderner Erbe klassischer geisteswissenschaftlicher Sozialisation. Interview mit Georg Christoph Tholen

Prof. Dr. Georg Christoph Tholen wurde 2001 als Leiter ans Institut für Medienwissenschaften der Universität Basel berufen. Als promovierter Philosoph ist er seit 1992 Mitglied der AG Computer als Medium der Deutschen Gesellschaft für Informatik und steht auch als Mitherausgeber des Online-Journals für Kunst, Philosophie, Medien und Politik *Zäsuren* den neuen Medien sehr nahe. Roberto Simanowski befragte ihn zu den Eckpunkten aktueller Medientheorie und ihrer Praxis in Basel.

RS: Herr Tholen, in einem Aufsatz zur »Metaphorologie der Medien« erklärten Sie 2000: »Es reicht wegen der multi- oder intermedialen Durchlässigkeit des digitalen Codes nicht mehr aus, nur Kommunikationswissenschaft, Publizistik, Fernseh-, Theater- und Filmwissenschaft usw. in engen Fachgrenzen zu betreiben.« Wie muss Forschung und Lehre organisiert sein? Was bedeutet das konkret für die Universitäten?

GCT: In dem von Ihnen erwähnten Aufsatz geht es mir um einen in epistemologischer Hinsicht grundlegenden Begriff der Medialität aller Medien, der eine eigenständige Wissenschaft fundieren sollte. Da nämlich Medien nicht nur instrumentelle Mittel sind, sondern unsere Welterfahrung und -wahrnehmung immer schon teilen und prägen (von der Sprache bis zum Internet), ist es diese sich uns mitteilende Funktion der Medien, die die interdisziplinäre Brücke zwischen den von Ihnen genannten Wissenschaften der Einzelmedien (von der Fotografie über das Fernsehen bis zum digitalen Medienverbund) bilden könnte. Diese in kulturwissenschaftlicher Hinsicht mir besonders wichtige Definition der Medienwissenschaft erlaubt es mithin, die Art und Weise der medialen

Übertragung und Speicherung von Botschaften, Sinnwelten und Wertnormen in den Mittelpunkt von Forschung und Lehre zu rücken.

So kann medienwissenschaftliche Analyse die stets historisch eingeschränkten Bedingungen medialer Kommunikatikon und symbolischer Ausdrucksformen des Menschen deutlich machen. Sie kann beispielsweise zeigen, wie und warum das digitale Medium zur Auflösbarkeit und Reproduzierbarkeit »alter« Medien führte. Medienwissenschaft erörtert den Wandel und den Spielraum medialer Repräsentationen – in der Ökonomie, der Politik, der Kunst und Kultur. Eben aufgrund der zentralen Bedeutung der Informations- und Kommunikationstechnologien müsste sich ein genuin interfakultäres Selbstverständnis beider Wissenschaftskulturen (Natur- und Geisteswissenschaften usw.) neu herausbilden. Und dies bedeutet zunächst: Abschied nehmen von einem zu instrumentell gedachten Technikverständnis, das in beiden Fakultäten vorherrschend war. Ansätze hierzu, beispielsweise Medieninformatik und Kulturwissenschaft in einem Studiengang zu verbinden, gibt es ja bereits.

RS: Es wurden in den letzten Jahren eine ganze Reihe von Medienwissenschaftsinstituten gegründet, was nicht automatisch heißt, dass auch immer jemand dabei war, der die *neuen* Medien verstand. Mitunter konzentrierte man sich ganz auf Film, Theater, Radio, Literatur, Zeitung und Fernsehen. Ebenso wird der Begriff Intermedialität keineswegs nur in dem von Ihnen skizzierten Sinne genutzt. Oft geht es dabei eher um die Anwesenheit eines anderen Mediums als Prä- und Intertext im eigenen – Literatur im Film, Malerei in der Musik – oder um allgemeine Aspekte wie die konstituierende Funktion der visuellen Fantasie in der Literatur. Handelt es sich hier um Versuche der Einzeldisziplinen, im Fahrwasser interdisziplinärer Begriffe doch recht eng am traditionellen Gegenstand zu bleiben?

GCT: Gewiss ist dies ein in der oben genannten Umwandlung

von universitärer Ausbildung zu beobachtender Effekt der Einverleibung neuer Fragestellungen in alte Paradigmen. Ich finde ihn aber nicht nur schlecht. Denn: Auch auf diese Weise wird die These der Intermedialität aller Medien, die ich oben skizzierte, als Fragehorizont deutlich. Und die strengere Definition der Intermedialität – nämlich auf den in jedem Wortsinne einschneidenden Zwischenraum zwischen den Medien (ihre dispositive Anordnung) zu achten, der sich nur experimentell erkunden lässt und zu neuen Darstellungsformen der symbolisch vermittelten Formen des Gedächtnisses und der Künste führen wird – wird sich bis zur normal science ausdifferenzieren. Unser weitgefächertes Curriculum hier in Basel wird eben diesen intermedialen Zusammenhang zwischen Kultur, Technik, Politik und Wahrnehmung (Aisthesis i. w. S.) in den Vordergrund stellen.

RS: Der Titel Ihrer Antrittsvorlesung lautet bezeichnenderweise: »Dazwischen – Der Ort der Medien«. Wo wäre also der Ort der digitalen Literatur in der Universität? Welchem Institut sollten wir ein Exemplar dieses Buches schicken?

GCT: Natürlich unserem Institut für Medienwissenschaften; aber auch dem Deutschen Seminar. Nochmals: Nur in der Doppelkompetenz, die aus bewährten Interpretationsverfahren, wie sie etwa die Germanistik zu lehren weiß, und aus medienwissenschaflicher Diskursanalyse sich entwickeln wird, werden sich Kriterien dessen, was sich als digitale Literatur bestimmen lassen könnte und zu einem erweiterten Kanon des kulturwissenschaftlichen Wissens beitragen könnte, aufstellen lassen. So erst können wir hoffen, einen auch in ästhetischer Hinsicht haltbaren und doch zukunftsoffenen Rahmen »neuer« literarischer Ausdrucksformen finden zu können.

RS: Welchen Ansatz verfolgt das Basler Institut für Medienwissenschaften?

GCT: Wir entwerfen zur Zeit ein Modell der Lehre und Forschung, das sich aus den oben genannten Kriterien beinahe wie von selbst ergeben soll: Das Studiengangsprofil orientiert sich strikt daran, ein historisch und systematisch orientiertes »Reflexionswissen« über die Struktur der Medien als erste Medienkompetenz zu vermitteln. Zugleich aber wird der medienpraktischen und »medientechnischen Kompetenz«, für die die Abteilung »Bild- und Medientechnologien« federführend verantwortlich zeichnet und welche ergänzt wird durch praktische Kurse zu den klassischen massenmedialen Tätigkeiten (Radio, Fernsehen, Printmedien), ein großer Stellenwert beigemessen. Und die dritte Säule bildet das »Orientierungswissen«, unter dem ich die zeitnahe Erkundung des medialen Wandels der Mediensysteme, -kulturen und -subkulturen verstehe. Der flexible Medienwissenschaftler, der Verantwortung übernehmen wird und dessen Berufsperspektiven aufgrund der digitalen Medienimplosion unschärfer (und das heißt auch vielfältiger) als früher sein werden, ist unser Idealtypus, der sich nur im interdisziplinären, modularen Modell sozialisieren wird. Gewiss eine hybride Gestalt, gemessen an einer klassischen geisteswissenschaftlichen Sozialisation. Und doch soll er gerade diese – unter postmodernen Vorzeichen – beerben.

8. Reconfiguring education with flexible teachers. Interview with Mark Amerika

Mark Amerika is well known as the author of two literary novels, as Founding Director of the *Alt-X Online Network*, as author of *GRAMMATRON*, one of the most widely accessed art sites on the World Wide Web, and *PHON:E:ME*, an mp3 concept album with accompanying hyper:liner:notes. *Time Magazine* included him into the 100 most innovative people, the University of Colorado offered him a professorship in the Fine Arts Faculty. In an earlier interview we talked with Mark Amerika about his works, about authorship, and about writing concepts on the net (Amerika 2000). Now, we want to know more about the pedagogical site of his activities.

RS: How is it when a net artist becomes a professor of net art?

MA: It's great. I am very fortunate in that the university I am a professor at is in the same city I have lived in for almost 14 years. Boulder is a picture perfect Colorado town with a beautiful open space environment that is open to hiking, mountain biking, and of course there is all of the nearby skiing and snowboarding too. Meanwhile, when one thinks through the possibilities of *How To Be An Internet Artist* (the title to my recent net art retrospective at the ICA in London), one cannot help but see that as an Internet artist you do not have to live in Berlin, New York, Tokyo, Paris, London, Sydney/Melbourne, etc. I visit these places all the time and maintain contact with my networks from wherever I am, so it's not very problematic to be both a professor and a practitioner.

In fact, if we look at a lot of the breakthrough work that came into the net culture in the 90s, we can see that it evolved out of a practice-based research agenda that has resonance with the university R&D model.[45] In the late 90s, I often referred to *GRAMMATRON* as a research and development platform for digital narrative production and distribution, and *Alt-X* has always been an experimental conceptual art project that looks into the inter-relationship between new media publishing technologies and online exhibition contexts. And then there's the continuous renegotiation of the image and text in a kind of binary art environment and what does it mean to create net theory, to port critical consciousness through popular proto-

[45] A research and development model using the institution as a platform to investigate very well-defined subject matter, in this case the implications of net art and net lit as new forms of cultural production.

cols like http, ftp, etc. Presently, we are asking key questions like »What is literature's exit strategy?« and »Who writes the Action Scripts?« (a direct reference to the coding language of Flash and its ability to make words and images behave in unique artistic ways).

The very notion of an engaged net art practice focused on digital narrative and theory in cross-media platforms challenges our conventional assessment of what a certain kind of work or cultural production actually is. This kind of practice is very conceptual and interdisciplinary and requires a flexible approach to being a teacher or, as the case may be, »academic«. I'm not a typical academic in the true sense of the word, but then again, many artists who are professors are not true academics. What we share with the academic and scientific communities is changing, though. The more collaborative, computer-supported work environments that were known to be available only to computer science and engineering students are now the very models that I, as a Professor of Digital Art, am exploring in my new role here at CU.

Lastly, one thing I think is important to understand from our vantage point here at the end of 2001, is that net art has become mainstreamed by the museum and media cultures and yet there are still very few people who really know what it is, or can be. This means we need to explore its potential as a medium and to not let it get locked into some predigested, predetermined meaning. We also need to reconfigure education and the pedagogical process associated with learning, especially when using new media technology in an arts and humanities context; which brings me back to this practice-based research environment that the university is uniquely positioned to support and facilitate.

RS: Let's talk about this: What exactly do you do in your classes?

MA: We do so much! The students are sometimes overwhelmed at first, but then they catch on, knowing that the more they put into it the more they are likely to get out of it. The key thing is to create an engaging work environment and to assign projects that allow for the development of both individual projects and collaborative projects. These projects include large-scale digital narratives using hypertext, Flash animation, Director, etc., but also experimental sound or »concept albums« embedded in narrative environments, interactive digital cinema, color field e-books, net art performance, etc.

It's also important for students to feel like they have a certain amount of control over the distribution of their work. Traditionally, students have a rough time finding exhibition contexts for their work and it is often not taken seriously. Part of the problem is the lack of physical space or just finding a proper venue. But with digital art, they are finding that they can immediately exhibit or publish their work online and that there are potential audiences out there that may be willing to engage with their work.

This is both a good thing and a very challenging thing. It's good because it forces the students to rethink their role as artists in culture. For example, just because you can put anything online, does that mean you should put all of your work up there? What is the context for your work when it goes live on the web? And then there are issues of copyright and participating in an attention-economy where the pay off may not necessarily be money since most things put on the web are given away for free.

Of course, now that net art has been somewhat mainstreamed, it's not as if we here in Colorado live in a bubble. There is a readily accessible history of net art that is still available online, and so I also teach a seminar on the history and theory of net art. It's a kind of »edified conversation« about all of the issues artists on the web must deal with, and we look at some of the famous net art shows like the *Digital Studies* show we launched on *Alt-X* in 1997, the *beyond interface* and *Art Entertainment Network* shows at the *Walker Art Center*, the *net_condition* show at ZKM, etc. We also study critical theory, starting with Walter Benjamin but taking in the likes of Vannevar Bush, Vilem Flusser, *nettime, Rhizome,* etc.

Perhaps one of the most exciting projects we have developed here is called »Histories of Internet Art: Fictions and Factions« which is a kind of online multi-media resource that focuses on the recent history of net art practice, theory, community building, etc. The site is developed by the students with my supervision and includes investigations of (h)activism, digital narrative, cyborg theory, code work, surf-sample-manipulate, data visualization or GUI art (Graphical User-Interface), etc. The students keep building the site which then becomes a major resource for the students who come after them. It keeps feeding off of itself and is growing into a resource that I imagine other classes around the world will want to access via the web which our students are quite thrilled about.

RS: Let's move away from your student and their pilot projects at the University of Colorado to those other classes you are visioning. Which role net art should play in university and school in general?

MA: It should be part of both an undergraduate and graduate education in the arts, especially for those with an emphasis in the media or digital arts. It needs to be part of the curriculum so that the students have all of the latest practical, historical/theoretical, and technical skills and background they need to continue building their online portfolios once they leave school. Many of these skills are also transferable to the marketplace and so, instead of having creative, smart art students who can't earn a living in »the real world«, we want our graduates to be just as valuable as any computer scientist or engineering student, perhaps even more valuable, because if they have the tech skills in addition to the creative, conceptual and design skills, then they may be able to balance out their need to make money and their need to make art.

RS: Considering your experiences as an artist and professor, what role is net art likely to play?

MA: What we are really talking about here is developing a kind of life style practice. This is something that probably differentiates American culture from most other cultures (although the Australians seem to share this with us more than any other country). The idea is to turn your own life into a kind of action script that animates your experience in ways that reward you for your creative risk-taking.

Here in Boulder we keep asking ourselves the same set of questions, but reformulate them as a way to come up with different angles, different perspectives, different approaches. For example, what does it mean to be a net artist? Is it a life? A style? A practice? One way to think about the growing confusion between net art and net lit is as a continually emergent dialogue. You see someone's web site in Brazil and send them an email from a ski town in Colorado telling them how much you admire their work – and a dialogue is born. This dialogue branches into more emails and soon you have a kind of relationship, maybe even an interview you can post on your class website. The site grows exponentially because all of your student colleagues are doing the same thing, but with different people, different artists or theorists, and these threads start overlapping, intersecting, playing off of each other. A network is born – or emerges – or converges, and it feels like art history is not so much a thing of the past but a thing in-the-making. Soon, you have an instantaneously delivered multi-linear thread of narrative-potential being practiced as a form of social networking or online dialectical materialism. It's much more valuable than just earning three credits toward your diploma.

9. Convergences in creating and understanding digital art. Interview with Richard Karpen

Richard Karpen is Professor of Music at the University of Washington in Seattle where he has been teaching composition and computer music since 1989. He is also director of the University of Washington Center for Digital Arts and Experimental Media. Karpen is acknowledged as one of the leading international figures in Computer Music for both his pioneering compositions and his work in developing computer applications for music composition and sound design. Roberto Simanowksi talked with him about the aim of the Center for Digital Arts and Experimental Media and the relation between digital media and the academic world.

RS: Artists working with digital technologies are redefining art, music, theater, film, and architecture, often dissolving the boundaries between these traditional forms. How does this affect the way to deal with art?

RK: Digital Art goes far beyond merely affecting how artists work, and beyond simply using computers to simulate pre-digital forms of art. Artists, engineers, designers, and scientists collaborate and exchange roles to create digitally-realized images, sounds, performances, and installations that have never before been heard, seen, and experienced. The Center for Digital Arts and Experimental Media at the University of Washington is creating a community of artists, engineers, designers and scientists who, working together, will create new arts genres with new techniques and new aesthetic ideals.

As in the sciences, many of the current arts' »problems« to be solved are too complex for a single artist to undertake. I think that it is pretty clear that collaboration between artists and those in different fields is one important way for us to go forward. I also believe that the paradigm that splits artists and engineers into »content providers« and »tool designers« is not appropriate in the experimental arts. It might work in some cases for design and for entertainment, but not for the kind of serious art-making that we are encouraging in the new Center.

RS: What is the aesthetic specific of digital art?

RK: I would not say that there is a specific aesthetic of digital art. But perhaps there is a digital arts world-view that is emerging. I think it is, in fact, a rather ancient world-view that has come back to the foreground for artists working with digital media. It is one in which artists are inventers of technology rather than consumers of it. Many of my colleagues in the digital arts are fluent in engineering practices and deeply involved in the physical sciences. They see their work along with that of scientists and engineers as part of the continuum of human discovery.

There is a symbiotic interplay between technology, imagination, science, and expression in which artistic vision inspires the development of new technologies. Visionary technologies and scientific discoveries reveal unimagined new artistic directions, and art. Technology, and science converge, resulting in new forms of human expression and new ways of experiencing our humanity. It's a Renaissance ideal and it is crucial that young artists be given the opportunity to train more broadly in the sciences and engineering than has become our normal modality at universities. The new Center at the University of Washington seeks to have a profound influence on the next generation of artists by promoting this view of the convergence of the arts with the sciences and engineering.

RS: Which department is this Center affiliated with and what is its education mission?

RK: The Center stands uniquely as its own program within the College of Arts and Sciences. The faculty will be drawn from Art, Music, Drama, Architecture, Cinema Studies, Computer Science, Electrical Engineering, Physics, and other areas. But it will offer its own curricula and degree programs at the undergraduate and graduate levels (including a PhD in Digital Arts). Undergraduate and graduate courses in Computer Music, Digital Video, Computer Animation, Design, and beyond to Experimental Media Art are supported by the Center. It provides students with an environment to pursue their own individual and collaborative research projects working side-by-side with faculty and guest artists. The education and research missions of the Center will be seamlessly interconnected with one another. Research and education will promote wide-ranging knowledge of arts and technology subjects, cultivating partnerships that bring together the visual, aural, theatrical, and architectural arts with engineering, sciences, and other areas. Students involved in this program will themselves be important contributors to the invention of new technologies and creation of new forms of artistic discovery and expression.

RS: The Digital Arts Center seems to work as a *stage* on which all diverse areas of art converge. What consequence does this have for the audience? New ways of art surely require new ways of approaching art. As the artists have their place to learn, discuss, and experiment how to produce digital art, the audience should have a place to learn how to ›read‹ it. Doesn't the interdisciplinary collaboration in making digital art, dramatically change the nature of research and teaching? Which department is most likely to do the job: literature, film studies, painting?

RK: The question concerning the consequences of the convergence of disciplines for audiences is really interesting. I've been experimenting with exhibitions, concerts, and other events that combine on the same programs or settings new works of computer music, computer animation, live interactive video in performance, and more. What is wonderful to me is that this brings together a much more diverse audience than one sees at events and shows containing one genre or quite related genres. Suddenly an »art audience« is confronted with serious computer music that is beyond anything they might have imagined possible in the aural domain. Or the »avant-garde music audience« comes face to face with the work of an artist working with experimental media that they would never have taken the time to see. Then there are the works that make these audiences wonder, »is it music or art«? So in producing shows and events that are reflections of the diverse, interdisciplinary nature of the digital arts we attract audiences from a similarly diverse cross-section of the public. Perhaps the music audience is primarily coming to hear the music and the art audience is coming for the new media work. But what they encounter is something that they didn't bargain for. We're doing this and it's working wonderfully. For many it is obvious that the whole is greater than the sum of its parts!

With regard to the nature of teaching and research, we are boldly experimenting with our curriculum. I can't say I know exactly what I'm doing, but I know that we must make changes in our arts curricula and just as in the process of making art, making a new arts program will require some adventurous thinking and taking some risks. In other institutions where the different areas of the arts have developed programs in the digital versions of their area, they often are initiated and maintained isolation from one another. I believe that the vision for our Center of a fertile interaction among these individual arts fields that fosters broad and deep understanding will strengthen each of these separate disciplines. At the same time our emphasis on interplay and convergence will create opportunities for new forms of art to grow that diverge from more narrowly defined or confined landscapes now offered in many academic settings.

One of the things that traditional arts curricula offer, whether in schools of art, music, drama, is some rigorous training in fundamental principles. It's so important for emerging artists to gain a strong discipline but we have not clearly defined what that should be for digital arts. One of our challenges is to develop rigorous sets of courses without creating new ideologies. I am always asking of my colleagues in the arts, what is really necessary for young artists to know and what do we just want them to know, because that is what we learned. I'm trying to make sure I ask myself the same question as we move towards developing this experimental curricula. Discipline is the road to artistic freedom, but we need to differentiate between discipline as a state of mind and discipline as fundamentalist doctrine. The former, is of course, what I'm referring to. The latter can, unfortunately, be found rather commonly in our arts institutions.

The processes of imagination, exploration, discovery, and reflection constitute the core of artists' work. Artists – like scholars, scientists, and engineers – seek to make discoveries that will improve our lives and our understanding of the world. Art as serious research is neither a new phenomenon nor a new ideal. The search for and communication of artistic discoveries cross cultures and span time. I feel particularly lucky to be working as an artist and educator in a time of such exciting possibilities. We really can't predict what art will be like fifty years from now and what is most exhilarating to me is that we are in a position to create historic new breakthroughs that will determine much of what the future will be like. To me this is a moral stance. We have received so much from the artists of past centuries and I believe that we must try to make similar contributions and to ask of our students to do the same.

III. DIE BEITRÄGE DES WETTBEWERBS

Die Juroren waren sich im Klaren darüber, dass es bei den vorliegenden Beiträgen nicht um Literatur im herkömmlichen Sinne geht und dass es problematisch wäre, mit einem rein literarischen Fokus an die Werke heranzugehen. Textqualität ist ein wichtiger Aspekt, gewiss, aber nicht der einzige, und in einer Phase des Experimentierens mit den neuen Ausdrucksmitteln des digitalen Mediums vielleicht nicht einmal der wichtigste. Die Jury stellte dies in Rechnung, als sie fünf Kriterien notierte, die sie der Bewertung zugrunde legte: 1. Innovationskraft des Werkes, 2. Linksemantik, Benutzerfreundlichkeit, Interaktivität, 3. Bildschirmästhetik, 4. Multimedialität und 5. Textqualität. Diese 5 Kriterien wurden angewandt auf die sieben Werke, die sich unter den je vier Favoriten der Juroren mindestens zweimal befanden, wobei diese Favoriten wiederum den 20 Beiträgen der Vorauswahl entstammten.

Die Urteilsfindung fiel nicht leicht, was unschwer der Entscheidung für zwei erste Sieger zu entnehmen ist. Die Parteien in der Jury hatten durchaus Gründe vorzubringen, warum der jeweilige Gegenkandidat nicht den Sieg davontragen könne. Der Kompromiss ergab zwei erste Plätze: *Quadrego* von Stefan Maskievicz und *Knittelverse* von Julius Raabe. Der dritte Preis ging an *Die Callas-Box* von Andreas Luis Seyerlein. Die Abstimmung des Publikums brachte drei weitere Favoriten hervor, diesmal mit klarer Punktedifferenz: 1. *Die zweite Fahrt* von Katharina Bihler, Andreas H. Drescher, Hartmut Oßwald und Stefan Scheib; 2. *Der Apfel* von Dorit Linke und 3. *Das Reisetagebuch* des Projektteams Chile (Katharina Pallas, Stefanie Huber, Bernd Gersdorfer und Melanie Schön).

Die CD-ROM versammelt die Beiträge der Vorauswahl, die im

Folgenden – nach einigen Statements der Autoren selbst – jeweils mehr oder weniger kurz eingeführt werden. Es handelt sich nicht um akademische Analysen, und es ist hier auch gar nicht der Ort für kritische Strenge. Was folgt, sind durchaus subjektiv gehaltene Anmerkungen, die dem Kommentator ein Be-Sprechen ermöglichen, das die Leser mit auf ihren Weg in die CD-ROM nehmen, prüfen und gegebenenfalls verwerfen mögen.

10. Statements der Autoren[46]

Poetik

Nichts scheint mir wichtiger zu sein, als in der Phase der Konzeption die Frage zu klären, an wen wende ich mich, an Wahrnehmungsspezialisten oder an ein Publikum, das die Wahrnehmung digitaler Techniken zunächst lernen muss. Ich denke, die Wahrnehmung digitaler Literatur muss erlernt werden, wie vor etwas mehr als hundert Jahren das Wahrnehmen eines Film erlernt werden musste, die Technik des Schnitts. (Andreas Louis Seyerlein)

Innere Bilder

Mit Kraftwerk haben wir immer schöne Filmchen zu den Stücken gemacht. Auch dies werde ich heute mit Yamo nicht mehr machen, weil dann, genauso wie beim Lesen, die ganze Fantasie vorweggenommen wird. Ich hab's von meiner Uroma gelernt, das Zuhören. Die konnte vielleicht vorlesen! Da ist was passiert in meinem Kopf, dass ich nachts oft nicht schlafen konnte, wenn

[46] Die zitierten Passagen entstammen den Interviews mit den Wettbewerbsbeiträgern über sich, ihr Werk, ihre Erfahrungen beim Schreiben digitaler Literatur und ihre Zukunftsprognosen unter: www.dichtung-digital.com/2001/11/30-Wettbewerb.

die Bilder mich verfolgt haben. Eigene Bilder! So soll es sein. Bilder müssen selbst entstehen. Beim Musikhören wie beim Lesen. (Wolfgang Flür)

Herausforderungen

Im notwendigen Teamwork von GestalterInnen und TechnikerInnen: Text, Grafik, Foto, Video, Sprache, Musik, Geräusche und Programmierung müssen zueinander finden, brauchen eine gemeinsame Regie und Dramaturgie. Filmmusik z. B. unterliegt eigenen Gesetzen. (Martin Auer)

Kunstvolles Kodieren um des entstandenen Kodes willen ist nicht mein Interesse. Ich suche nach Anlässen und Zusammenhängen, in denen es Sinn macht, sich einer neuen Textart zu bedienen. Dann wird Interaktion in die Gesamtheit eines digitalen Werkes einbezogen. Ich habe vielleicht am Schluss nur die Schwierigkeit, es noch »Literatur« zu nennen. Es ist ein Drahtseilakt, literarische Texte mit Interaktion zu verweben, ohne den Text an sich zu opfern – für mich immer die größte Herausforderung. (Stefan Maskiewicz)

Gefahren

Natürlich sind die vielfältigen Möglichkeiten faszinierend und bereichernd, allerdings bergen diese auch die Gefahr, sich im Medium zu verzetteln und Leere mit Interaktivität zu tarnen. Mitunter wird durch das Setzen vieler Links scheinbar Neues simuliert, oder es werden Inhalte transportiert, die in keinem erkennbaren Zusammenhang stehen. (Dorit Linke)

Der Programmierer neigt oft dazu, die Grenzen des technisch Machbaren auszuloten und auch auszunutzen – Programme voller überflüssiger Zusatzfunktionen, die kein Mensch braucht, sind der beste Zeuge. Damit besteht leicht die Gefahr der Versuchung, digitale Kunstwerke mit technischen Spielereien zu überladen, zu einer Leistungsschau der Programmierfähigkeit herabzuwürdigen. Auch die Multimedialität birgt die Gefahr, den Leser zu stark zu lenken – präsentiert man parallel zum Text Bilder und Klänge, erreicht man schnell den Punkt, wo man den Leser der Möglichkeit eigener Assoziationen, des eigenen »Films im Kopf«, beraubt. (Heiko Paulheim)

Die Chancen und auch die Gefahren bestehen in der rasanten Entwicklung der technischen Möglichkeiten. Wenn das Mithalten mit der Technik wichtiger wird als das Inhaltliche oder wenn die Technik nur benutzt, aber nicht mit ihr gearbeitet wird, dann bringt das die Internetliteratur nicht weiter. Flash ist ein gutes Beispiel. Die Bild- bzw. Filmgestaltung muss eine andere als illustrierende Funktion haben. (Odile Endres)

Produktion

Für mich speziell sind die beiden Prozesse (Verfassen eines Textes und Installation seiner digitalen Version) immer noch und weiterhin zwei verschiedene Dinge, die beinahe nichts miteinander gemein haben, beide jedoch vollkommen andere Herausforderungen bedeuten: Beim Schreiben einer Erzählung suchst du nach dem passenden Wort, beim Umsetzen am Rechner nach dem geeigneten Javascript. (Michael Kaiser)

Als wesentliche Voraussetzungen für ein gemeinsames, synergetisches Projekt (nicht im Verständnis einer lediglich additiven Kollaboration) erwiesen sich: eine gute Regie; ein ähnliches Gleichmaß der Differenzierung; kommunizierbare ästhetische Auffassungen, die in abgestimmte Durchführungen münden. Sind diese Voraussetzungen nicht vorhanden oder gibt es keinen Konsens, setzen elementare Probleme ein, die auch zu schwächeren ästhetischen Lösungen führen. [...] Die Arbeitsteilung bzw. Abhängigkeit von Programmierern allerdings könnte problematisch werden, wenn diese nicht den Ehrgeiz haben, sich als erstklassige Handwerker einzusetzen, sondern sich als Künstler verstehen. (Ursula Menzer)

Rezeption

Digitale Literatur darf nicht nur auf den Computerseiten der Zeitungen zu finden sein, sondern sollte ihren Platz im Feuilleton haben. Die Werke müssen als »Literatur« und nicht in erster Linie als »digital« wahrgenommen werden. (Melanie Schön)

Wichtig wäre, die Bedeutung hochklassiger, digitalisierter Literatur für Fördereinrichtungen, Stiftungen, Verlage, Vermittlungsinstanzen etc. zu verdeutlichen, bevor die Verramschung der Poesie das Medium Internet für dieses Genre diskreditiert. Vielleicht ist das Netz aber generell eher ein Medium, das zu Trash tendiert. Das wird sich zeigen. (Ursula Menzer)

Zukunft

Digitale Literatur hat eine spannende Zukunft vor sich. Da bin ich sicher. Nicht nur deshalb, weil Generationen heranwachsen, die, wenn überhaupt, Literatur weitgehend über das elektrische Medium des Computers wahrnehmen werden. Generationen vor allem, deren Wahrnehmung der Welt sehr stark von der Möglichkeit der Simulation geprägt sein wird – womit man spielen kann, ist interessant, was man verändern, zusammensetzen, manipulieren kann, ist spannend, wenn ich etwas selbst zusammenbauen kann und erforschen, ist das ›mega-in‹. Hier bietet sich eine Chance für interaktive Literatur, Literatur, die unterschiedliche mediale Konzepte zusammenführt. Hier ist aber auch die Gefahr verankert, dass eigentliche Geschichten, Stories, Inhalte, narrative Zusammenhänge verschwinden oder so unbedeutend werden, dass die Definition des Objektes als »Literatur« zu hinterfragen wäre. Ich sehe die Gefahr, dass Sprache, sprachlicher Ausdruck hinter Bewegung, hinter bewegten Bildern vollständig verschwinden wird, dass also das Kino im World Wide Web zum Standard werden wird. (Andreas Louis Seyerlein)

Die digitale Literatur wird sich etablieren. Die technischen Möglichkeiten sind vorhanden und der unbändige Gestaltungswille einer ganzen Generation, der sich bisher noch vornehmlich in bunten Webseiten austobt, wird beizeiten neue Betätigungsfelder suchen. (Julius Raabe)

Die Zukunft digitaler Kunst sehe ich nicht so sehr bei uns Webliteraten. Eher bei Adventure Games und Wirtschaftssimulationen. Ich glaube, dass die Kunst der Zukunft sich mit komplexen gesellschaftlichen Vorgängen befassen wird. Jedenfalls meine ich, dass sie das sollte. Ich wünsche mir zum Beispiel eine spannende, unterhaltsame Wirtschaftssimulation, die sich mit den durch die Globalisierung aufgeworfenen Fragen auseinander setzt. Derartiges kann ein einzelner Digitalliterat mit dem bisschen Hypertext und Flash, das unsereins so beherscht, natürlich nicht leisten. Solche Projekte brauchen Teamarbeit und Produktionskapital ähnlich wie Filme. (Martin Auer)

Die Zukunft der digitalen Literatur allgemein sehe ich eher in der Nähe des digitalen, »interaktiven« Kinos oder bei Games oder Simulationen, auch wenn es mir widerstrebt, so etwas zuzugeben, da sich diese Formen von der Literatur doch sehr entfernen und außerdem Produktionsbudgets erfordern, von denen gemeine LiteratInnen nur träumen können. Vielleicht lassen sich diese Tendenzen subversiv unterwandern, entgegensteuern, mit Netzliteratur, so wie Romane ja auch parallel zu Kinofilmen existieren können. (Nika Bertram)

11. Versuche digitaler Literatur. Anmerkungen

Laokoons Ende in Raabes Grosz-Adaption: *Knittelverse* von Julius Raabe

Mit leichten Schritten kommen Raabes *Knittelverse* daher, in einer bisher nicht erlebten Variante des kombinatorischen Erzählens. Zunächst scheint dieses Stück freilich alles andere als zu erzählen, denn zunächst sieht man sich nur dem Bild *Brillantenschieber im Café Kaiserhof* von George Grosz gegenüber. Man mag an Lessings Laokoon denken und daran, dass Bilder eingefrorene Zeit sind und sich nicht narrativ entwickeln können. Aber was Lessing über den Unterschied von bildender Kunst und Sprachkunst sagte, gilt nicht mehr, wenn hinter dem Bild verschiedene Ebenen an Text auf ihren Einsatz lauern.

Eine Ebene ist der Befehlstext, der zum Beispiel dafür sorgt, dass bei Mausklick die Köpfe der Personen auf dem Bild sich bewegen und gar ihre Zugehörigkeit ändern oder eine Person eine Havanna raucht, wobei sich dann tatsächlich auch Qualm über die Szenerie legt. Zugleich erscheinen – dies ist die andere Ebene versteckten Textes – rechts und links vom Bild kreuzreimige Vierzeiler – Raabes so genannte Knittelverse –, die den vier dargestellten Personen Klick für Klick eine Geschichte anhängen.

Schon diese Idee hat es in sich. Sie macht deutlich, dass ein digitales Bild mehr ist als die Digitalisierung eines Bildes. Im Reich des Digitalen gibt es keine Linie mehr, nur eine entsprechende Verdichtung von Pixeln; jedes dieser Pixel kann separat angesprochen und zum Verlassen seines Platzes programmiert werden. Das digitale Bild ist kein festgehaltener Moment mehr, es hat selbst seine eingeschriebenen Momente. Der Slogan lautet nicht allein: »Dies ist keine Pfeife«, sondern auch: »Dies ist keine Abbildung einer Pfeife.« Denn was wir sehen, ist immer bloß die temporäre Visualisierung eines alphanumerischen Codes.

Aber Raabes Werk buchstabiert nicht nur das Wesen eines Bildes um, es stellt auch eine originelle Form des Hypertexts dar, denn je nach Ordnung des Klickens erzählt dieses Bild verschiedene Geschichten. Da stiehlt der hagere Mann in der Mitte einmal dem Glatzköpfigen im Vordergrund das Geld, ein andermal tritt er als Komissar auf, dann als Hasardeur, dann wieder – nun als Anarchist – zündet er eine Bombe, die den Bildschirm schwarz werden lässt. Die Entdeckung der ganz im Grosz-Stil nicht gerade feingeschnitzten und sicher auch nicht zu ernst gemeinten Texte führt zu einem Klickspaß, der immer wieder neue Lesarten des Bildes hervorbringt: Rund 1800 Wörter bzw. 2,5 engbeschriebene Seiten Text verbergen sich unter der Oberfläche dieses Flash-Werkes.

Aus dem Interview mit dem Autor[47]

dd: Wie kamst du zum Schreiben digitaler Literatur?

JR: Auschlaggebend für die Beschäftigung mit der digitalen Literatur war der ausgeschriebene Wettbewerb. Ein Wettbewerb

[47] Vgl. www.dichtung-digital.com/2001/11/30-Wettbewerb/raabe.htm.

bietet ein Forum, liefert Kritik und setzt ein zeitliches Limit für eine Arbeit. Dieser Rahmen war sicher nicht nur mir sehr wichtig. Das technische Handwerk wurde durch den täglichen beruflichen Umgang als Architekt mit dem Computer geschult (auch wenn ich mich, soweit es die Programmierung betrifft, schwer überschätzt habe), und so fiel mir zumindest der Anfang sehr leicht.

dd: Welche Erfahrungen hast du bei der Produktion digitaler Literatur gemacht?

JR: Der Autor muss etwas mehr als nur eine Schreibmaschine bedienen können, er muss sich Fähigkeiten aneignen, die sich sehr von jenen unterscheiden, die er gemeinhin pflegt und entwickelt. Beim Programmieren wird er in jedem Computerprogramm einen gnadenlosen Lektor finden. Wie ein Musiker muss der Autor sein Instrument blind beherrschen, es sei denn er findet jemanden, der nach seinen Anweisungen spielt. Ich versuche mich gerade an den ersten Tonleitern. Die Herausforderung besteht darin, beide Bereiche zu verbinden.

Die zweite Eigenart der digitalen Literatur zeigt sich, wenn der Autor sein Instrument virtuos beherrscht und dann richtig aufspielen möchte. Hier lauert die Gefahr, dass eine visuelle Dominante die Arbeit bestimmt. Diese Problematik führt zu der Frage nach der Form, nach der Tarierung aller eingesetzten Mittel, die sich gemeinsam dem Konzept unterordnen müssen.

dd: Wie kamst du auf die Idee der *Knittelverse?*

JR: Für mich war die Frage nach den Besonderheiten der digitalen Literatur wichtig. Ein Unterschied zu anderen Medien liegt in der Möglichkeit, Varianten einer Geschichte anzubieten, die vom Betrachter entdeckt werden müssen. Diese Varianz wollte ich zum Thema machen. Eine wie auch immer geartete visuelle Gestaltung musste also zwei Aufgaben übernehmen: Sie sollte einerseits den vielen Geschichtchen einen gemeinsamen Rahmen, einen gemeinsamen Ausgangspunkt bieten und andererseits als Navigator fungieren.

Ein Bild als Ausgangspunkt einzusetzen lag nahe, eines von Grosz zu wählen nicht. Die *Brillantenschieber* erwiesen sich jedoch als dankbares Objekt. Die Art der Darstellung und die Bildaufteilung unterstützten die Möglichkeit kleiner Animationen, die dominanten Köpfe förderten das intuitive Auffinden der Verlinkung und die im Bild ungenannte Beziehung der Schieber zueinander ließ Raum für verschiedene vorstellbare Geschichten.

dd: Knittelverse wurden von den akademischern Wächtern der Poesie lange Zeit als volkstümlich abgelehnt und stehen auch heute als Beispiel für leichte Kost?

JR: Die leichte Kost war mir durchaus recht. Ich bin bald von dem Variantenreichtum überrollt worden, weshalb mir auch einige der schlichten Verse nur sehr holperig gelungen sind. Es stimmt aber, dass diese etwas stoppeligen Verse mit der karikaturartigen Darstellung von Grosz einhergehen. Das Schriftbild unterstützt zusätzlich das Gemenge der leichten Kost. Es ging mir um die Unterbringung vieler verschiedener Geschichten in einem übersichtlichen Bild und dem Betrachter sollte sich diese Arbeit ohne Umwege selbst erklären. Die einfachen Texte gehören zu diesem Konzept.

Multiple Personality Disorder als Bildschirmkombination: *Quadrego* von Stefan Maskievicz

Quadrego bringt die Psyche einer Multiplen Persönlichkeit auf die Bühne des Bildschirms. »Es ist dunkel und der Morgen reift«, so lesen wir, »noch unter der schwarzen Schale. Die Sonne liegt noch unter dem Horizont. Im Zimmer ein bläuliches Licht. Niemand nur sie. Im Bett. Da sind Iris, No, Rolf und Tom. Sie ist allein. Alle sind da. Streit liegt in der Luft. Es ist schon fast ein Ritual. Alle sind eins und niemand ist sich einig. Jeder will sein Recht. Keiner gibt nach.«

Was folgt, sind Dialoge und Monologe unter den vier Bewoh-

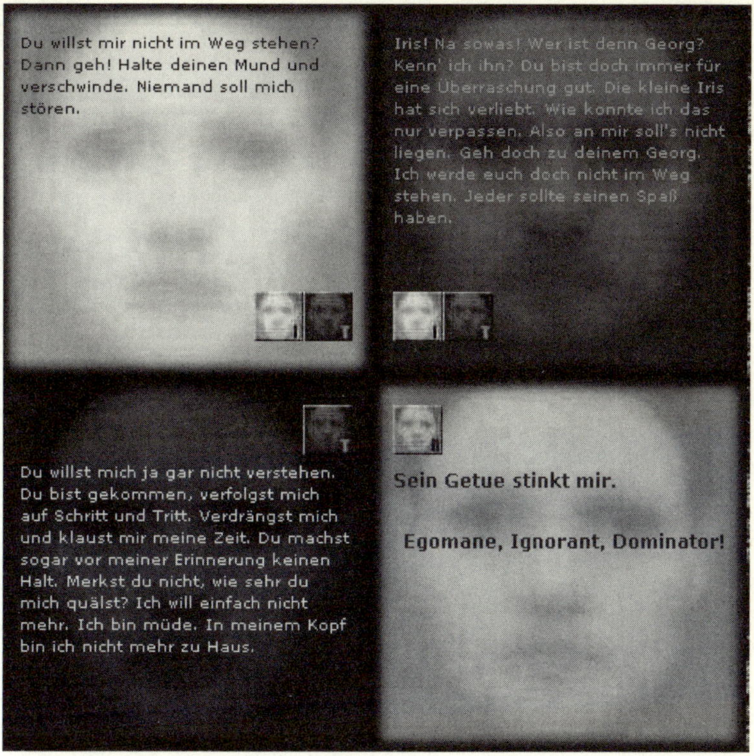

nern dieses Ich. Die Viererlogik wird aus der Inhalts- auf die Formebene überführt, der Bildschirm zeigt die Portraits der Beteiligten nebeneinander. Aber das ist noch nicht das Besondere an *Quadrego*. Das Besondere ist, dass man die Gespräche nun selbst steuern kann. Dass man entscheiden kann, wer wem antwortet. Maskievicz hat einen komplizierten Mechanismus der Bezüge entwickelt, der allein mit HTML und JavaScripts auskommt. Es ist ihm gelungen, die Sache mit einer Unzahl an if- und for-Befehlen so abzustimmen, dass jedes Image und jeder Text auf dem in 14 Frames aufgeteilten Bildschirm schließlich an der richtigen Stelle, in der richtigen Größe und in der richtigen Reihenfolge erscheint.

Die Freiheit der Kombination vollzieht sich freilich innerhalb der Vorgaben des Autors. Man kann immer nur aus den potenziellen Gesprächspartnern auswählen, die der Autor vorgesehen hat; und was sie dann sagen werden, ist exakt das, was der Autor ihnen in den Mund gelegt hatte. Diese Texte spiegeln die Befindlichkeit der Eingesperrten. Wer da eher Aktion als Psychorhetorik erwartet, wird nicht auf seine Kosten kommen. Die einzige Aktion ist die Verschlimmerung der Multiple Personality Disorder, wenn schließlich auch Georg – bisher reales Gegenüber der Vierer-Gruppe – Teil des multiplen Ich wird. Eine verfahrene Situation, die im Kreislauf der Kombinatorik ihre beklemmende Wirkung entwickelt.

Aus dem Interview mit dem Autor[48]

dd: Wie kamst du zum Schreiben digitaler Literatur?

SM: Die Medien, die ich als Ausdrucksmittel benutze, sind mir im Laufe der Zeit zugewachsen. Ich habe zunächst Malerei studiert. Meine berufliche Orientierung als Lernsystemlektor und -entwickler waren für die konzeptionellen Schritte digitaler Projekte eine gute Grundlage.

dd: Welche Erfahrungen hast du bei der Produktion digitaler Literatur gemacht?

SM: Das Spiel mit Wort, Bild und Interaktion birgt die Gefahr der Beliebigkeit und Zufälligkeit. Schnell wird jeder Ansatz von Text in Banalität zerkrümelt und muss vom Leser vor dem Genuss wieder zusammengebacken werden. Kunstvolles Kodieren um des entstandenen Kodes willen ist nicht mein Interesse. Ich suche nach Anlässen und Zusammenhängen, in denen es Sinn macht, sich einer neuen Textart zu bedienen. Dann wird Interaktion in die Gesamtheit eines digitalen Werkes einbezogen.

48 Vgl. www.dichtung-digital.com/2001/11/30-Wettbewerb/Maskiewicz.htm.

dd: Wie kamst du auf *Quadrego*?

SM: Die Grundidee zu *Quadrego* ergab sich aus der Lektüre eines Buches über das Leben am/im Bildschirm (Sherry Turkle: *Life on Screen – Identity in the Age of the Internet*). Turkle beschreibt in ihrem Buch das Verhalten eines Teilnehmers an einem MUD (Multi User Dungeon), einem Fantasy-Spiel mit realen Teilnehmern. Dieser Teilnehmer nahm im Laufe von wenigen Minuten vier verschiedene Rollen ein, die von anderen Teilnehmern als vier unterschiedliche Charaktere im Spiel wahrgenommen wurden. Der Spieler bewältigte den sprunghaften Rollenwechsel mithilfe einer Fenstertechnik auf dem Bildschirm. Je nach Fokus auf eines der Fenster wechselte er die Rolle.

Gleichzeitig recherchierte ich nach Rollenverhalten und Persönlichkeitsspaltung und stieß auf Forschungsberichte über MPD (Multiple Personality Disorder). Ich war sofort fasziniert von dieser Form der Persönlichkeitsvervielfachung. Es war ein Phänomen, das sich gänzlich von der Vorstellung des Rollenverhaltens abhob. Aus der Rolle wurde die hermetisierte Persönlichkeit.

dd: In der Einleitung heißt es: »*Quadrego* ist in mehreren Formen geschrieben und lässt sich lesen und erleben.« Das Erleben ist ein Mehr gegenüber dem Lesen eines Textes auf Papier. So wird der Rezeptionsprozess selbst zum Träger der Aussage?

SM: Quadrego vereint mehrere Monolog- und Dialogstränge, die sich linear durchleben/lesen lassen. Die Kombinierbarkeit ist ein wesentliches Gestaltungselement, das dem Leser die Freiheit zur eigenen Wegfindung durch den Text gibt. Brüche bei der individuellen Rekombination dürfen beim Lesen nicht spürbar werden. Divergente und konvergente Erzählstränge treffen sich immer wieder in Knotenpunkten, die als solche aber nicht erkennbar sein dürfen.

Das Zusammenspiel der Medien Text und Bild mündet im intermedialen, individuellen Erleben. Der Augenblick, in dem ein bestimmter Text mit einem Bild/Farb-Klang zusammenkommt, ist schwer wiederholbar, da er von der Geschwindigkeit des Lesens und der Aktion des Weiterklickens abhängig ist. Also ist auch das Ergebnis – das Erlebnis – immer wieder ein anderes.

dd: An verschiedenen Stellen lauern zusätzliche Textebenen, die für das Verständnis des Ganzen wichtig sind und die man möglicherweise erst beim zweiten oder dritten Lektüredurchgang entdeckt.

SM: Der Wechsel der Augenfarbe von Iris spiegelt das chamäleonartige Wesen der Person wider, die Georg gegenübersteht. Die Verwirrung Georgs im Angesicht widersprüchlicher Gefühle und geheimnisvoller Andeutungen spiegelt sich in den Augen wider, die die Farben der vier Persönlichkeiten annehmen. Dieser Farbwechsel ist so abgedämpft gestaltet, dass er nicht sofort auffällt.

Linearer Text und mediales Setting: *Die Callas-Box* von Andreas Louis Seyerlein

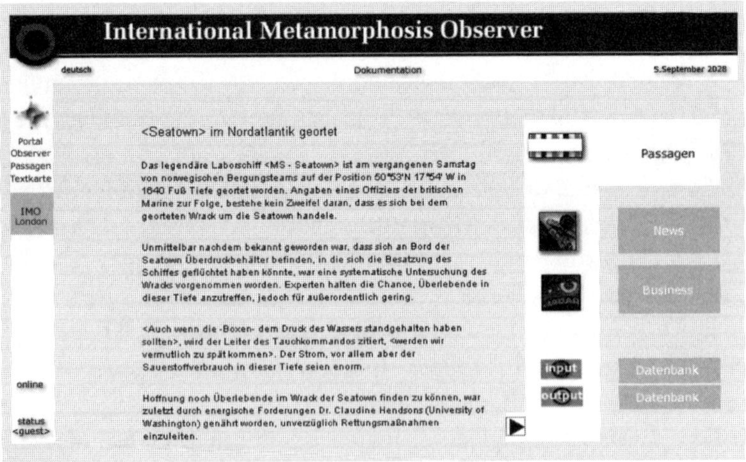

Von einem möglichen Tieftauchrekord von 300 Metern ist die Rede, denn der 21-jährige Sagan verfügt über ein Lungenvolumen von 14 Litern, wobei die gentechnische Veränderung der Architektur seines Blutplasmas von Sagan weiterhin energisch bestritten wird. Ob die Teilnehmer des Design-Marathon 2032 Veränderungen des Lungenvolumens oder des Muskelgewebes vorgenommen haben, wird man indes an ihrem Quellcode feststellen.

Auch die anderen Nachrichten dieses Tages im Jahres 2028 malen ein düsteres Bild der Zukunft: In Libyen sind ölfressende Bakterien in ein Ölfeld eingedrungen, in Amerika werden Schauspieler entführt, um ihnen Eizellen zu entnehmen, die dann auf dem Schwarzmarkt für gewaltige Summen gehandelt werden. Und schon der Titel zeugt davon: ein Klonexperiment der Maria Callas. Die Callas-Schwestern wachsen auf der *Seatown* auf, wo, wie eine Nachricht vermeldet, an bakteriologischen Waffen gearbeitet wird. Die *Seatown* ist jetzt endlich geortet worden, auf Position 50°53′ N 17°54′ W, in 1640 Fuß Tiefe. Was auf ihr geschah, ist Thema der Hauptgeschichte, die der Reiseschriftsteller Joe Ellis erzählt.

Diese Geschichte beginnt wie folgt: »ATLANTIK 08.25 am. Seit es hell geworden ist, halte ich Ausschau nach Überlebenden. Leichter Wind von Nordwest. Kein Kopf. Keine Bewegung. Kein Schiff. Kein Flugzeug. Nachts geschlafen. Kurz. Wie ausgeschaltet. Dann gerufen, eine Stunde, oder zwei. Keine Antwort. Habe eine Signalfackel gezündet. Kein Ton. Kein Zeichen. Kein Gegenfeuer. Aber die Wale sind zurückgekehrt.« Der Text ist lang und hält bis ans Ende an seiner poetischen Qualität fest.

Aber er ist linear und könnte, so der mögliche Einwand, ebenso gut auf Papier existieren. Nicht ganz. Denn die spezifische Erzähl*situation* funktioniert nur im Internet. Die Erzählung ist eingebettet in eine Website, die wie das Medienangebot einer Nachrichtenagentur aussieht und sich auch so verhält. Da werden Bilder, Grafiken, Karten angeboten, die überhaupt nichts erhellen, da gibt es Links zu vertiefenden Informationen und

Formulare für Rückmeldungen, für die einem der Einwahlcode fehlt. In diesem Setting liegt der medienkritische Akzent des Beitrages. Nicht die angebotenen Informationen allein malen ein düsteres Zukunftsbild, die Umstände des Angebots vervollständigen dieses – als Text zwischen den Zeilen. Die spezifischen Eigenschaften des digitalen Mediums werden in ästhetischer Hinsicht genutzt.

Aus dem Interview mit dem Autor[49]

dd: Wie kamst du zum Schreiben digitaler Literatur?

ALS: Der Beginn meiner Auseinandersetzung mit digitaler Literatur fällt präzise auf die Entdeckung der Ausschreibung des Wettbewerbs Literatur.digital 2001 von dtv und T-Online Ende Mai 2001. Ich hatte mich während einer Reise von Site zu Site durch das Internet zufällig auf dem Portal des dtv eingefunden und in mir sofort ein für mich typisches Hitzegefühl verzeichnet, ein Signal, das mir anzeigt, das ist etwas Spannendes, das möchtest du versuchen. Zu diesem Zeitpunkt hatte ich keinerlei Erfahrung in der Gestaltung von Hypertexten, weder verfügte ich über Kenntnisse in Programmierung, noch hatte ich eine eigene Homepage gestaltet, auch hatte ich bis dahin Hypertexte nur in sehr bescheidenem Umfang wahrgenommen.

dd: Welche Erfahrungen hast du bei der Produktion digitaler Literatur gemacht?

ALS: Während dieses Prozesses des Gestaltens und des Lernens war mir zu jeder Zeit bewusst, dass ich nicht eigentlich programmiere, sondern programmieren lasse. Von Zeit zu Zeit habe ich die Codeansicht Dreamweavers verwendet, um die erzeugte Sprache, den digitalen Code der eben bearbeiteten

[49] Vgl. www.dichtung-digital.com/2001/11/30-Wettbewerb/Seyerlein.htm.

Seite zu betrachten. Da war nun Maschinensprache zu sehen, eine von mir nicht lesbare Sprache, aber auch mein mit dem Kopf unmittelbar erzeugter Text, gewohnte, erlernte, lesbare Zeichenfolge, in unbekannte, nicht lesbare Sprache eingebettet. Das war spannend. Auch zu sehen, dass eingesetzte Bilder dort nicht als Bilder erscheinen, sondern durch einen codierten Befehl herantransportiert werden, dass also die sichtbare, auf dem Bildschirm erscheinende Seite eine Haut darstellt und darunter ist Leben, darunter vollziehen sich Prozesse – im Falle eingesetzter Animationen unaufhörlich.

Ich habe die Erfahrung gemacht, dass in der Produktion digitaler Literatur elegante Optionen dafür bestehen, mit Zeit und Raum zu spielen, mit Sichtbarkeit und Unsichtbarkeit, mit Bestimmung und Zufall. Ich könnte, so stelle ich mir vor, einen Text programmieren, der sich zur Stunde Null jeden Tages neu strukturiert. Ein Lebewesen also könnte entstehen, ein Text, dessen weitere Ebenen sich zu einer bestimmten Zeit nur öffnen lassen oder innerhalb eines bestimmten Zeitraumes erkundet sein müssen, um ein Zurücksetzen an den Anfangspunkt zu vermeiden.

dd: Der Haupttext der *Callas-Box* ist einem Romanprojekt entnommen. Inwiefern bedarf er dann des digitalen Mediums?

ALS: Während in dem Roman-Projekt der *International Metamorphosis Observer*, die *Seatown* und ihre Besatzung sehr eng miteinander in Verbindung stehen, habe ich in dem Projekt *Callas-Box* den *IMO* zu einem entfernten, übergeordneten Organ erhoben, in dessen aktuellen Meldungen und Dokumentationen nun diese Tragikomödie auf dem Atlantik unter anderen, merkwürdigen Entwicklungen aufleuchtet. Der Roman, die Geschichte der *Seatown*, war plötzlich zur Miniatur geworden, eine Meldung in einem online-Medium, Dokumentation, und Joe Ellis' Geschichte selbst die digitalisierte Spur eines Verschwindenden, eines von manipulierten, wohlmeinenden Walen bis zur Lebensgefährlichkeit hin geschützten Lebewesens.

Indem sich der Leser durch die Räume des Projektes bewegt, sollte es ihm möglich sein, die Story weiterzudenken, aber auch einen Eindruck zu erhalten von der Welt, wie sie sich dort abzeichnet in Meldungen über diese Welt, einem Schatten. Es ist eine tragikomische Welt, in der fürchterliche Geschichten sich ereignen und amüsante, in der nichts sicher ist, nicht die Zeit, nicht das Alter der Menschen, ihre Erscheinung, nicht die Funktionstüchtigkeit des World Wide Web.

Linguistische Seh-Texte: *ER/SIE* von Ursula Menzer (Text und Konzeption) und Sabine Orth (Animation, Sound, Gestaltung)

Die Losung mag in die falsche Richtung führen, obwohl es freilich auch darum geht: Wieviele ERs, wieviele SIEs lassen sich in deutschen Wörtern finden. Die deutschen Sprache, man ahnte es, ist männlich dominiert: Da fallen viel mehr Wörter auf dem ER-Haufen nieder als auf dem für SIE.

Aber wenn es hier nur um feministische Erbsenzählung ginge, wäre nicht viel mehr zu sagen, als dass die linguistische Argumentation auf einer fraglichen Logik aufbaut, denn eine Silbe aus zwei Buchstaben lässt sich natürlich öfter finden als eine aus drei. Wie gesagt, der Titel führt in die Irre, der Untertitel ist da schon klarer: Seh-Texte, konkrete Poesie. Und neben diesem Bezug auf Franz Mon gibt es später auch eine Verbeugung vor Ernst Jandl.

Was an diesem Beitrag fasziniert, ist die Fortführung der konkreten Poesie im Zeichen ihrer digitalen Möglichkeiten. Dies geschieht mittels eines professionell programmierten Zusammenspiels zwischen Text, Bild, Sound und Animation, wobei die beiden Rezitatoren Anne Moll und Ulli Pleßmann sehr zum Gelingen der Sache beitragen.

Der Einfallsreichtum der beiden Autorinnen ist groß und in der Ausführung nicht ohne Ironie. Die zeigt das Beispiel »Wörterkolonnen«, wo die ER-Wörter und SIE-Wörter Stück für Stück auf zwei Haufen fallen und dabei PapiER und FedER langsam herunterschweben, der SchmettERling noch etwas hin und her flattert und die JalouSIE kurz Glocken erklingen lässt, was zeigt, dass die Jalousie zurzeit hochgezogen ist, denn das Geschäft ist geöffnet und jemand hat es gerade betreten. Oder man nehme die Darstellung des Wortes ERbauung, das die erste Silbe wie einen Klotz hinwirft – den nichts mehr bewegen kann, so hart hört sich der Wurf an –, um dann Stück für Stück in die Höhe zu bauen.

Wenn Erté Buchstaben malt und dadurch ihnen eine Bedeutung vor ihrer Bedeutung gibt, so werden hier Wörter im Sinne ihrer Bedeutung dargestellt: Das Wort *siechen* schwindet dahin, das Wort *Stotterer* stottert auf dem Bildschirm und *immer weiter* rennt endlos über den Bildschirm. Die Kinetisierung konkreter Poesie.

Der Bildschirm als Wasser als Palimpsest: *Schreiben auf wasser* von Matthias Goldmann (Text und Bildmaterial) und Tina Hochkogler (Visuals)

Das Glitzern der Sonne auf den Wellen des Wassers. Ein suggestiver, hypnotischer Moment. Nur schimmernde Wasserberge. Der Betrachter denkt an nichts. Fühlt sich angenehm leer. Eins mit den Elementen, bevor noch der Sinn in die Welt trat, bevor es Text gab.

Matthias Goldmann hat den Text aufs Wasser gebracht. Auf den Wellen kräuseln sich Silben in Weiß. Die Sonne wurde ersetzt durch Text, aber nicht durch Sinn. Die Silben lauten: buh, mei, je, na, oh, ta, sof. Da es auch ein Ausrufezeichen gibt, muss es sich um einen Satz handeln. Soll man den erkunden? Wie? Man kann das Glitzern anhalten. Zur Navigation heißt es auf der ersten Seite: »maus in der bildschirmmitte: bild steht. maus aus der mitte herausbewegen: bild fließt/dreht, meist in gegenrichtung zur maus. ein mausklick: zur nächsten animation (kann ein paar sekunden dauern)«.

Aber auch das stillgestellte Tableau aus kreisförmigen, z. T. auf dem Kopf stehenden Silben gibt seinen Sinn nicht preis. Und da man die Silben nicht verschiedentlich nebeneinander legen kann, bis ein Satz entgegenspringt, ist das Unternehmen recht hoffnungslos. Selten wurde Text so hinterhältig hingehalten und entzogen zugleich. Was zurückbleibt, ist ein Gefühl. Ein Gefühl, vergleichbar dem Nachmittag im Boot, wenn man die Sonne sich im Wasser spiegeln sieht und man an nichts Bestimmtes denken mag.

Goldmann hat mehr Text-Installationen als diese anzubieten. In der nächsten empfängt einen der Satz: »säuberlich gefaltet schwimmt das gehirn in der großen waschmaschine der worte. namen drehen hinaus und fallen herein. man erkennt sie auf den ersten blick nicht wieder in den anderen teilen der zeitung. beim frühstück würfelt die neugier mit ihnen kurzhoroskope. nach dem kaffee suchen sie wieder das weite.«

An der Maus klebt das Wort *der* aus dem ersten Satz. Man will es in seine Lücke einsetzen. Aber auf dem Weg dahin, über die anderen Zeilen, bleibt das Wort an einem anderen kleben. Jetzt hängt dieses andere am Cursor, während das zurückgelassene ein bisschen verrückt zur Zeile stehen bleibt, die nun keinen rechten Sinn mehr ergibt. So auch beim nächsten Cursor-Text-Kontakt. Immer lässt der Maus-Magnet das aktuelle Wort fallen und greift sich ein neues. Man kann sich vorstellen, wie schnell man das schönste Chaos hat.

Das ist nicht mehr der Sonntagnachmittag auf dem Wasser, das ist Wilham Bourroughs' Cut-Up-Ästhetik ganz ohne Messer und Schere. Und wie bekommt man aus dem Chaos wieder einen ordentlichen Satz? In der Bildmitte befindet sich eine weiße Linie. Hier kann man dem Cursor-Magnet den Strom abschalten, wenn man ihn nach unten wegzieht. Das aktuelle Wort bleibt auf der Linie zurück. Mit leerem Greifarm kann man dann ein anderes Wort gezielt aus dem Textchaos picken und auf dieser Linie absetzen, bis man einen Satz nach eigener Wahl gebildet hat. Es ist ein Puzzlespiel mit Textfetzen. Benennung wird so schwer wie an ihrem ersten Anfang.

Der nächste Klick bringt alle Wörter nochmals durcheinander, lässt sie in ein Bild fließen, das sich über den Bildschirm bewegt und allmählich Gestalt und Farbe ändert. Auch hier also ist Signifikation nicht sicher. »Die Wasserfläche des Bildschirms reduziert das Geschriebene auf einen Augenblick des Schreibens, es hat kein Gedächtnis«, so der Autor. »Der Bildschirm entspricht einer Sehnsucht nach der Beweglichkeit und Wiederbeschreibbarkeit des Wassers. Das Sich-hingezogen-Fühlen zum Monitor, das Hineintauchen in die Netzwerke und das weltweite Fließen der Bilder und Verwandlungen, das Hin-und-Zurück der Gedanken und Wortbildungen entspricht im Sinne des ›Schreibens auf Wasser‹ einer Sehnsucht des Bewusstseins nach sich selbst und seinen Anfängen.«

Es kommen andere Beispiele bewegter Texte – die »random four letter word machine« – und schließlich gar lesbare Texte, ein Theorietext, ein Erinnerungstext, der die nebenstehenden Fotos scannt wie die Flughafenapparate die Koffer der Reisenden. Als verberge sich unter ihrer Oberfläche die eigentliche Wahrheit.

Was sich unter der Oberfläche des Bildschirms verbirgt, das machen alle Beispiele in Goldmanns Werk klar, ist die Zeit, die Texten und Bildern per Programmierung mitgegeben wurde. Und mit der Zeit sind wir wieder beim Wasser: Panta rhei, sagten die Griechen, alles fließt, weswegen man auch nicht zweimal in denselben Fluss steigen könne. Bei Goldmann gilt: Du kannst nicht zweimal den gleichen Text lesen, nicht, wenn er auf Wasser geschrieben ist.

Audiovisuelle Choreografien: *Die zweite Fahrt* von Katharina Bihler (Regie, Flash und Stimme), Andreas H. Drescher (Text, Grafik), Hartmut Oßwald (Saxofon, Bassklarinette und Komposition) und Stefan Scheib (Komposition, Soundscapes, Flash-Gestaltung, Kontrabass)

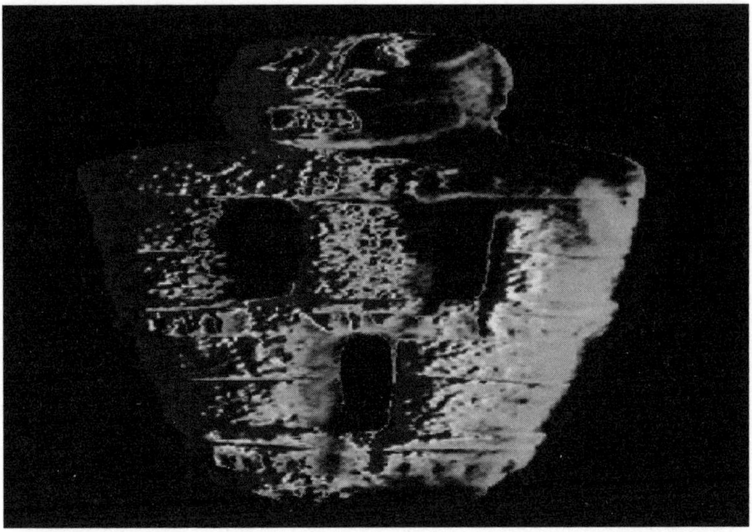

»offenbar/sie alle kommen gehen/der weg der statuen/aus jade und geschrei/buchten von flüchtig sogenannten/schiffbruch«

Das sind die Worte, die man zuerst hört; nach dem Klick auf ein Bild, das wie verlaufene Ölfarbe aussieht und alle drei, vier Sekunden aufleuchtet, als wäre Leben in ihm. Die notierten Worte erklingen auf den Klick im rechten oberen Bildteil hin. Betätigt man die Maus in der linken Hälfte, hört man nur ein Wort: »offenbar«, etwas höher befinden sich wieder Verse: »schiffbruch/auf dem trockenen/lichter sind das nicht/alles im buch/nichts mehr parat«

Es gibt mehr Text zu entdecken. Sosehr der Text aber auch suchend erklickt werden muss, die Entdeckung, auf die er wartet, geht weit über die Aktivität der Maus hinaus. Der Text duldet nicht die übliche Geschwindigkeit des neuen Mediums. Denn zum einen kommt er aus dem alten her – Grundlage sind die Gedichte in Dreschers Buch *Fremde Zungen* (2000) –, zum anderen steht dies schon programmatisch im Titel: Die »zweite Fahrt«, so erklärt das Vorwort, ist ein Ausdruck aus der Seefahrt und meint: die sichere Route nehmen, nicht die kurze. Platon, heißt es weiter, verwendet den Begriff, um seine Abkehr von der Naturphilosophie und seine Hinwendung zur Begriffsphilosophie zu kennzeichnen.

Damit ist ein Hintergrund gesetzt, den es zu verdauen gilt. Noch einmal die Autoren, in einer Zusatzerklärung: »Diese beiden Lesarten lässt das Projekt ineinander fließen: Die seefahrerische verweist also immer auch auf die philosophische, die philosophische immer auf die seefahrerische. So wird versucht, schon konzeptuell die zunehmende Verkapselung von Sprach- und Medienwelten wieder aufzubrechen, deren Ersatzwirklichkeiten den Blick auf politische, ökologische und humanitäre Probleme eher verstellen.«

Was auch immer die Leser aus diesen Worten und aus dem Werk insgesamt machen mögen, sie werden sich als Suchende in beiden Medien erfahren, wenn sie die sieben in Bild, Bewegung und Sound gebrachten lyrischen Texte erkunden: auf der Oberfläche des Bildschirms und tief zwischen den Zeilen.

Jürgen Daiber in seinem Beitrag in diesem Buch: »Mittels Flash-animierter Grafiken, deren brillante Bewegungschoreografie durch unterlegte Sounddateien korrespondierende Funktion erfährt, thematisiert der Beitrag die gewaltsame Kolonisation Südamerikas und den nicht minder gewaltsamen Reflex seiner Ureinwohner auf diesen zivilisatorischen Übergriff in bildmächtiger Weise. Implodierende Götzenbilder, von bizarren Organismen parasitär besetzte Körper und in die Dunkelheit des Verbots gleitende Schiffe machen den Zugriff des Fremden anschaulich. Die Visualität des Beitrages erfährt dabei über die Textebene eine semantische Erweiterung. Die optisch evozierte Bedrohung wird sprachlich ausgedeutet, das Rätsel des Bildes erfährt in der Tradition barocker Emblemata ein Deutungsangebot über den Text, ohne dass diese Deutung jedoch den Schleier der visuellen Chiffre endgültig lüften könnte oder wollte. Deutlich wird: Nichts ist länger eindeutig.«

Das Autorenteam arbeitet seit Anfang 2000 im Rahmen der Lyrik/Musik-Performance zur Vorstellung von Dreschers Gedichtband *Fremde Zungen* zusammen. *Die Zweite Fahrt* ist die Übersetzung des Gedichtzyklus' ins digitale Medium.

Schuld und Sprache: *cN+ Messages from the Past* von Martin Auer

Auf die Frage, ob es sich bei seinem Beitrag um Literatur oder nicht doch eher um avantgardistische moderne Kunst handele, gibt Martin Auer unter anderem folgende Auskunft: »Seit Marcel Duchamp 1917 ein Urinal in einer Galerie ausgestellt hat,

hat es sich in der bildenden Kunst durchgesetzt, dass als Werk der bildenden Kunst anzusehen ist, was ein Künstler dazu erklärt. Und zu Recht. Denn einen rostigen Nagel in einem Museum betrachtet man anders als einen rostigen Nagel auf der Straße.«

Natürlich vergleicht Auer sein Werk nicht mit Duchamp, aber er entnimmt jenem doch die gleiche Aufforderung: »Betrachte das hier einmal als Literatur. Versuche, es zu *lesen*!« So bereitwillig man dieser Aufforderung folgt, die Ausgangsfrage bleibt: Soll man lesen oder betrachten/hören?

»Lässt sich die Userin darauf ein, so wird sie etwas erleben, was sie nicht erlebt, wenn sie das Dargestellte nur als Folge von Bildern betrachtet. Ich könnte ja noch viel radikaler vorgehen. Ich könnte den Usern einen unbehauenen Stein hinlegen und sagen: ›Lest das!‹ Ein leeres Buch. Ein zugeklebtes Buch. Ein Buch mit sieben Siegeln. Ein Buch mit sieben Seeigeln. Eine schwarze Wand. Ein Stück Menschenhaut. Einen Fixstern. Einen Luftballon. Das Urinal von Marcel Duchamp. Die Mona Lisa. Beim Versuch, das Urinal zu *lesen*, wird etwas anderes geschehen als bei dem Versuch, es als *Bildnis* zu betrachten.«

Wie man sieht, verschiebt sich der Begriff des Lesens hier ins Metaphorische. Und das steht ja schon in der Einleitung: »Fotos, Stimme, Montage: Martin Auer«. Text gibt es nur in seiner vorbegrifflichen Form. Die Buchstaben schließen sich für das deutsche Publikum – und auf dieses zielt Auer ausdrücklich – nicht zu Wörtern zusammen, um als Sprachmaterial Bedeutungen zu vermitteln. Sie verweisen auf sich selbst, führen – vergleichbar Kasimir Malewitschs *Schwarzem Quadrat* – in die Gegenstandslosigkeit des Ursprungs zurück, in die Unschuld vor dem Bedeuten.

Und so zeigen auch die Bilder Buchstaben wie nach der Schlacht: abgerissene Plakate, halbverweste Zeichen, die für nichts mehr stehen, verwittert, zerblättert, auf dem Weg zurück vor das Meinen.

Und dann, mit der Schlussbemerkung, die Wende: »Die Fotos wurden am 16. 6. 2001 zur jeweils angegebenen Zeit in Jaffa,

Israel aufgenommen«. Aus dem Nahostkonflikt kommen die Buchstaben also, auf ihn verweisen sie also. Weil am Anfang das Wort stand? Und damit das Verhängnis gegensätzlicher Benennung erst begann: Ansichten, Religionen, Ideologien? Die Sache ist nun der tieferen Bedeutung so offen wie ein Urinal im Museum oder ein schwarzes Quadrat im Bilderrahmen.

Wer damit fertig ist, mag zu den Audiofiles zurückkehren, sie im Hintergrund immer wieder abspielen, sich dem Singsang des Schamanen überlassen. Er wird irgendwann der Erdschwere darin gewahr werden und nicht mehr loskommen von Auers seltsamem Stück. Keine Literatur im traditionellen Sinne, und gewiss keine, die wirklich der digitalen Medien bedarf – aber ein Faszinosum in jedem Fall.

Verhängnis im Flash-Design: *Der Apfel* von Dorit Linke, Heike Trobisch und Thomas Schröder

Es ist zunächst einmal eine gut erzählte Geschichte, die nach dem Einstieg bald ihren kafkaesken Verlauf nimmt, als die Erzählerin einsieht, dass sie der Routine des unbekannten Mannes nicht entkommt, sondern sich in einen Rhythmus gezwungen fühlt, »dem ich nicht gewachsen bin, dem ich aber nachgeben muss, weil es keinen Ausweg, kein Ziel gibt«. Da hilft auch der Diebstahl und die Zertrümmerung des Apfels nicht. Das kehrt nur die Bewegung um: »Täglich nach Dienstschluss steht ein Mann vor meinem Fenster und führt einen Apfel weg von seinem Mund. Er befördert ihn in seine rechte Jackentasche und bewegt sich rückwärts in Richtung des benachbarten Hauses, geht die Treppe herauf und betritt rückwärts seine Wirkungsstätte.«

Es ist die Routine, die schmerzt und die 30-jährige Erzählerin schließlich im Spiegel wie eine alte Frau aussehen lässt. Die Erlösung kann nur von der Ich-Figur selbst kommen. Sie muss die Beobachterposition verlassen, das eigene Leben ändern statt die Routine des Apfelessers. Aber das passiert nicht; die Geschichte geht kafkaesk aus, und zwar gleich in drei Varianten.

Die Alternativität am Ende dieser ansonsten linearen Geschichte ist nicht das einzige medienspezifische Merkmal und wäre als solches gewiss auch etwas dünn. Die Geschichte – die zunächst auf Papier vorlag und auch im Wettbewerb alternativ als reiner Text zu haben ist – wird hier in Flash-Design visualisiert, mit einer von der Flash-Technik diktierten Sparsamkeit, was zu Minimalismus-Kulissen und interessanten Schnitten führt. So sieht man gleich anfangs die Silhouette der Stadt, die sich zur Straße formt, aus der wiederum die Laterne entsteht – unter der der Mann den Apfel essen wird – und das Fenster – hinter dem die Beobachterin warten wird. Oder die Büro-Kulisse: die Entfaltung der Gegenstände aus Häufchen an Daten im Raum, bis ein Arbeitszimmer mit Schreibtisch, Schrank, Tür und Lampe (die ihren Lichtkegel hin und her wirft) Gestalt angenommen hat. Dass dies gelungen ist, wissen auch die AutorInnen. Denn in dem Zimmer passiert gar nichts; es wird gleich wieder abgebaut, Stück für Stück: Es ist Kulisse nur für sich selbst.

Mitunter ergibt die Visualisierung eine zusätzliche Aussage: Wenn die unausweichliche Situation der Beobachterin sich in mehreren Fenstern mit mehreren Schatten darstellt oder wenn die Axt immer wieder in den Schädel des Apfelessers fährt, als solle er für jeden einzelnen büßen. In anderen Fällen dient sie der bloßen Illustration des Gesagten: Wenn vom Tanz des Apfels vor den Augen der Beobachterin die Rede ist und Äpfel im Reigen sich auf dem Bildschirm bewegen. Manchmal wird sie problematisch: Wenn die Äpfel schließlich in Tränen übergehen.

»Uns war die Ästhetik des Beitrags besonders wichtig, die erzählte Geschichte sollte durch die Animationen visuell erfahrbar sein und außerdem eine den User beeindruckende Atmosphäre aufbauen, die ihn gespannt sein lässt auf den nächsten Klick«, so Dorit Linkes Selbsterklärung. Dass sie Erfolg hatte, bezeugt der zweite Platz in der Gunst des Publikums.

Berlin-Portrait im Flash-MTV: *black box* von Nicole Nickel

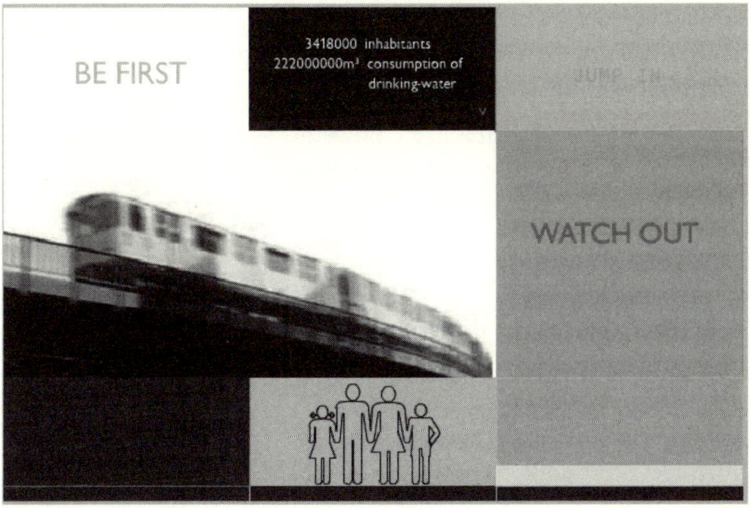

Ein Teppich aus Techno-Beat, der von Anfang an da ist: und das unaufhörliche Verschieben von Farben und Losungen im Rechteck aus neun Feldern. Der Klick auf die richtige Losung – LIVE FAST, bei Mauskontakt: DON'T STOP – bringt Bilder ins Spiel: Ausschnitte aus Küchenecken, ein Kachelofen, ein Kopfkissen, soweit das im raschen Schnitt der Bilder klar wird. Der nächste Klick scheint ein Anliegen zu haben: 3418000 Inhabitans, 222000000 m^3 consumption of drinking-water, 1771 sport clubs, 139633 emigrants, 281851 being in welfare, 273038 unemployed, 8131 homeless. Diesen Text bewegt nur User-Input, als Schlaufe, die immer wieder zum Anfang kommt: 3418000 Einwohner verbrauchen 222000000 Kubikmeter Trinkwasser. LOSE PAST ruft eine andere Losung, die vor dem Klick in BE EXPERIMENTAL konvertiert. Ein langer Gang erscheint, wie aus DDR-Plattenbauten, die sich später als skizzierte und fotografierte Fensterfronten einfinden. Berliner S-Bahn. Eine Frauenstimme: Follow the sings there. Und immer wieder die Sprüche: YOU WIN, DON'T LOOK BACK, THINK PURE, OPEN YOUR MIND, BE FIRST, JUMP IN, aber auch: BE CAREFUL, LOOK AROUND, DON'T FIT. Ein Bombardement, wie nach dem 11. November, als die Schleuse geöffnet war. Information-Overload. MTV-Flash. Sozialkritik im Gewand des Spektakels? Ästhetik der Oberfläche, aber ohne ironischen Bruch? Man weiß es nicht. Weiß es die Autorin? Egal. Ein optischer Genuss in jedem Fall. Und man stelle sich das Ganze auf einer großen Leinwand vor, in einem Club, mit sehr guten Boxen!

Ausweglose Alternativen: *Die Galerie. Eine begehbare Erzählung in zwölf Räumen* von Heiko Paulheim

Die empfangende Musik klingt bedrohlich, das präsentierte Augenpaar mindert dies Gefühl keineswegs. »Das ist eine Erzählung über eine Galerie, ausgestellt in einer Galerie«, sagt die Erklärung. Und wie in den meisten Ausstellungen kann man

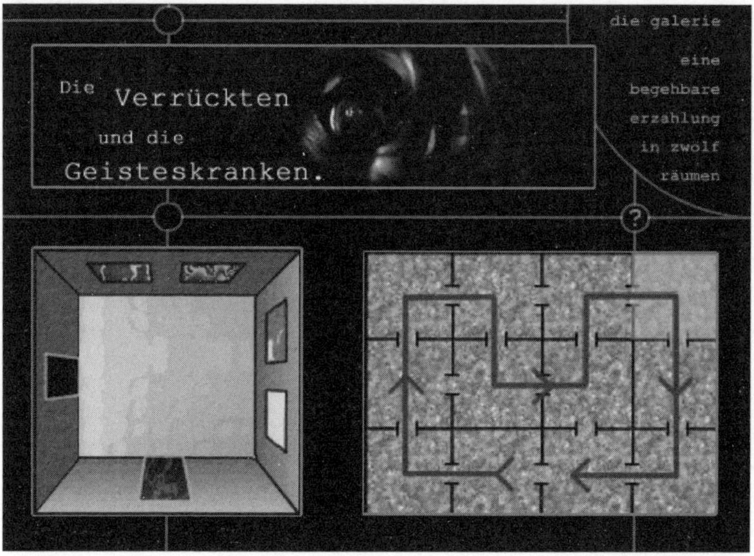

dem vorgegebenen Rundgang folgen oder eigene Wege gehen. Auf jeden Fall sind es die Bilder an den Wänden, die den Text enthalten; fährt man mit der Maus über sie, wird er im oberen Feld angezeigt, unterlegt von Grafiken, die immer eine Uhrzeit enthalten. Der Klick auf eine der Türen entscheidet, in welchen Raum man geht. Das Weitergehen prägt sich als Schrittgeräusch ein; die eingenommene Position wird in einer Raumskizze rechts im Bild angezeigt. Was ist der Sinn dieser Entdeckungstour?

»Ärzte. EKGs. Hupende Autos. Dann Krankenhauszimmer, in denen ich erwachte.« Ist die Galerie ein Krankenhaus? Der Ich-Erzähler hat mindestens Erinnerungen ans Krankenhaus, schwer geworden durch Wiederholung: »Die Ärzte sagen mir, ich hätte wieder einmal Glück gehabt.« Und so verzichtet der Stil auf den Artikel, weil das *andere* im Plural auftritt und die Dinge sich schon verkehrt haben: Krankenhauszimmer, und die Realität vor/hinter ihnen nur ablaufender Film.

Die Texte sind opak und vertragen so ganz gut die alternativen

Anschlüsse. Auf die Reihenfolge der Lektüre kommt es zumeist nicht an, die Stimmung ist entscheidend, die sich mitteilt. Und am Ende, wenn im Hintergrund Eisenbahnschienen in den Horizont führen, ist ohnehin alles klar: »Ich werde sie inständig bitten, nicht zu weinen. Werde ihr einfach gegenübersitzen und sie ansehen, bis die Zeit stehenbleibt.«

Oder ist die Galerie das Ich? »Jedes Bild erzählt eine Geschichte, doch nur die wenigsten sind wirklich spannend«, heißt es. Ist die eigene Geschichte spannend? Zumindest ist sie einem nahe genug, um sie an die Stelle der Bilder zu setzen, die Galerie umzubauen, sie auszuhängen mit den Erklärungen des eigenen Daseins, den gesprochenen Bildern, zwischen denen nur noch die anderen, die Besucher, die Leser sich frei bewegen können.

Schade, dass es dabei keine Alternativen gibt, keinen anderen Blick, der aus einer anderen Begehung folgte. Man hätte, aus Raum zwölf noch einmal in Raum sieben tretend, die »Bilder« dort nun anders sehen können, einem anderen Text gegenüberstehen können. Manche hätten dies vielleicht nicht bemerkt, aufmerksamere Leser hätten sich gewundert, wären den Weg zurückgegangen, um die Sache zu prüfen, etwas wäre in Gang gekommen. Die Multilinearität hätte eine Multiperspektivität erbracht, wie man sie von Galerien kennt, wenn man einmal von Tizian zu Caravaggio tritt, ein andermal zu Seurat.

Kollaborative Gleitflüge: *Cyberprosa* vom AutorInnenteam Roman Eisele, Franz Hubert, Diana Porr, Petra Seidenberger, Natalie Squire, Aro Stocker und Simon Wolf. Technische Betreuung Aro Stocker und Odile Endres, Organisation und Endredaktion Odile Endres.

Der Möglichkeiten sind viele, in dieses Schreibprojekt einzusteigen, das einem Seminar von Odile Endres am Studio (dies leitete Uwe Kolbe) Literatur und Theater der Universität Tübingen entstammt. Individuelles und kollaboratives Schreiben kommen hier

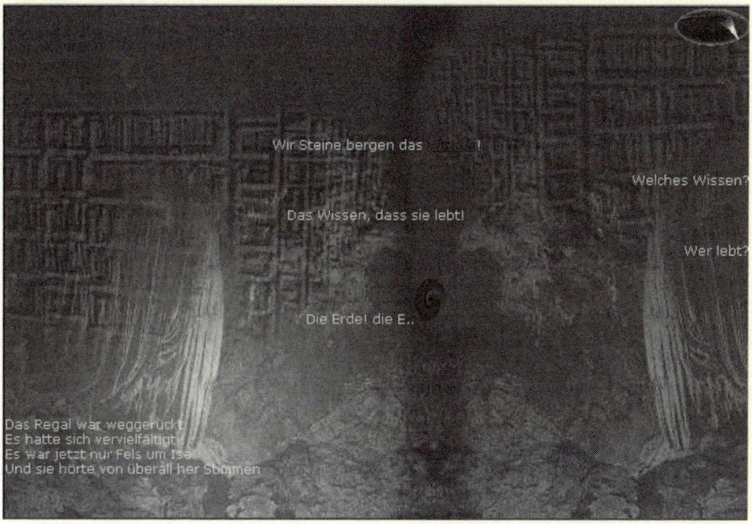

hier zusammen, aus Anlass eines Ausgangsbildes – die Flügel eines Gleitfliegers im Nebel vor dem Hintergrund eines blauen Berges – und unter der Aufsicht eines Drehbuches mit sieben Sub-Drehbüchern für die Erzählstränge. Diese auch vom Design her recht unterschiedlichen Erzählstränge sind streckenweise linear, dann wieder lauern Links, um in andere Teile des Projekts zu führen.

So gibt es Isas Begegnung mit dem unbenannten Gleitflieger am Piz Camara, die in Isas Zimmer führt, als habe sie – sie ist ein Inner Flyer – nur geträumt, aber alles sieht aus wie eine rissige Felswand, und die Steine haben plötzlich eine Stimme: »Wir Steine bergen das *Wissen*! Welches Wissen? Das Wissen, dass sie lebt! Wer lebt? Die Erde! Die E..«

Wer auf Wissen klickt, landet bei Mr. Reflex Blue – der Gedankenflieger –, mitten in Node Nr. 50. Wir sind in einem Essay über das Erzählen, in dem, am unteren Rande, auch Großmeister Peter Handke auftritt. Der Klick von hier führt zum Berg, den man nicht beschreiben kann, nur sein Abbild – und da ist ja auch Magrittes Pfeife am Textrand.

Die schwere Materie kommt mit Jean Paulschen Auflockerungen. Wem das trotzdem zu kompliziert wird, der kann ja zu Flieger # D2B0E9 switchen, der gerade Herrn Jones, Vertreter der örtlichen Strahlenschutzbehörde, sein Handy ausliefern muss, denn er ist aus Versehen in die Zukunft geflogen und da hat sich einiges im Umgang mit gepulsten Hochfrequenzwellen geändert. Ob ihn aus dieser Lage die Kellnerin des Internet-Cafés – dies wäre dann die Gleiterin im virtuellen Raum des Netzes – retten kann, mag jeder selbst nachlesen.

Gedanken im Labyrinth:
jetzt? oder Der höchste Augenblick von Nils Ehlert (Konzept, Text und Gestaltung) und Wolfgang Bauer (Fotos und Bildbearbeitung)

> Er entwickelte aus der Beobachtung,
> daß man in jungen Jahren vor allem an die Zukunft,
> im Alter dagegen an die Vergangenheit denkt,
> eine Theorie;
>
> nämlich daß es im Leben eines jeden Menschen
> einen Moment geben muß,
> bei dem er ganz in der Gegenwart und bei sich ist.
>
> Nun harrte er auf diesen Augenblick,
> voller Angst, ihn zu verpassen.

Dieser Hypertext (die unterstrichenen Wörter sind Links) ist voller Lebensphilosophie. »Es handelt sich um ein stark vernetztes Labyrinth mit einem Eingang und ohne Ausgang«, so Nils Ehlert selbst. »Die Texte auf den Seiten drehen sich um die Gedanken und Erlebnisse einer Hauptperson und sind über Links eher assoziativ als kausal miteinander verknüpft. Bilder (meist Fotos) und kleine Animationen illustrieren und kommentieren den Inhalt der Texte.«

Die Animationen sind mitunter sehr massiv – wie der blitzende Hintergrund, wenn in der Node Angst vom aufblitzenden Grauen die Rede ist – oder bewegt – wenn die angesprochenen »Wellen der Zeit« sich im wellenden Hintergrund spiegeln –, aber nicht ohne Witz – wenn beim Ausfüllen eines Fragebogens manche der automatisch erscheinenen Buchstaben wieder zurückgenommen werden und so in der Sparte *Vorbild in der Literatur* statt Don Quijote schließlich Faust stehen bleibt. Wer da den Boden verliert, findet im Inhaltsverzeichnis einen Wegweiser durchs Labyrinth.

Hochhausgossip als Hypertext: *btong* von Michael Kaiser

Wir sind gleich mitten in der Geschichte, im zweiten Stock, in dem die Witwe Nessel wohnt, die, wie der Steckbrief am Anfang verrät, am Montagmorgen immer die Mülltonnen an den Straßenrand stellt. Nein, einen Mord gibt es nicht. Frau Tobel ist nur übel wegen der Schwangerschaft, vorausgesetzt, diese ist echt, was Herr Gauch, der Junggeselle aus dem Parterre, ja bestreitet, denn zwischen ihm und Frau Tobel sei nicht mehr geschehen, als dass sie seine Toilette benutzt habe, wo es aber eben passsiert sei, beharrt Frau Tobel.

Es geht um ein Päckchen des Erotikversands. Rentner Baas, der Empfänger, scheint nicht da zu sein, und jetzt liegt das Ding im Hausflur rum, eine sittliche Gefahr für die Kinder und eine Versuchung für die Erwachenen. Was folgt, sind verschiedene Szenen zwischen den Mietern des Hauses, die das Mosaik einer Geschichte bilden. Und wie sich bald zeigt, sind fast alle in diesem ehrenwerten Haus nicht, was sie vorgeben zu sein: Der eine ist gar nicht verheiratet, der andere hat gar keine Freundin, die

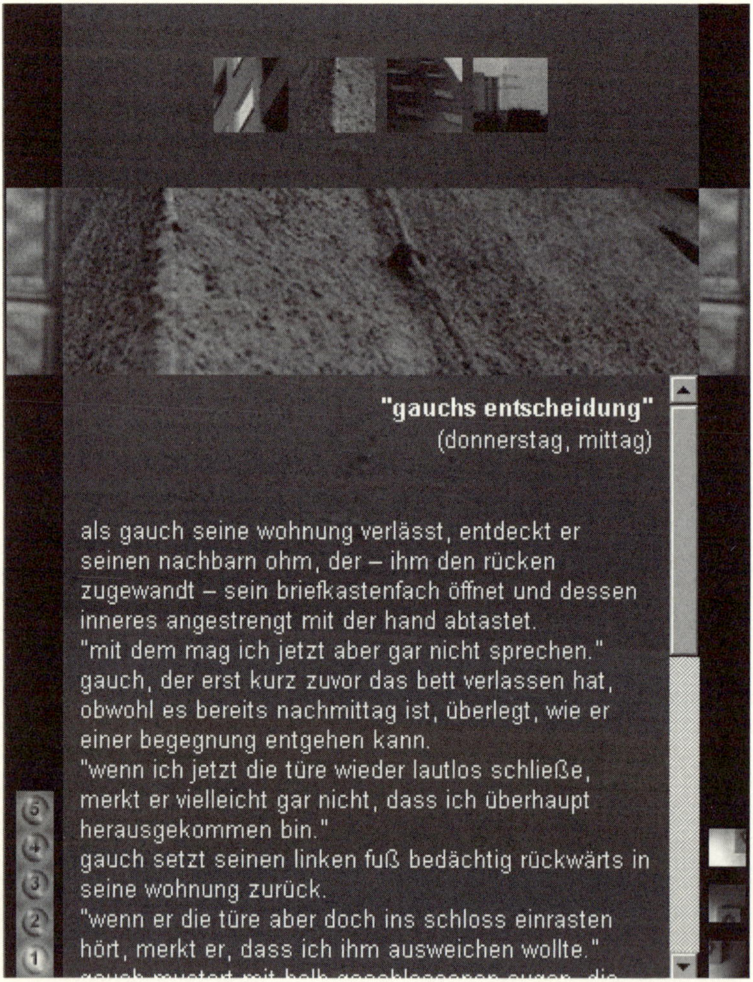

dritte war einmal Striptease-Tänzerin in der Nachtbar, und Baas, der unverheiratete Rentner, diese »fleischgewordene unflätigkeit«, die sich angeblich vor fahrende Autos werfe, um dadurch Schmerzensgelder vor Gericht zu erstreiten – andere wieder sagen, er habe sich eine Ehefrau aus dem Ausland per Katalog bestellt – Herr Baas … Nun, dies wenigstens sei noch nicht verraten.

btong ist ein Hypertext, der die verschiedenen Etagen als Erzählebenen nutzt und sich darüber hinaus dreier weiterer Kategorien bedient: Bilder, Gerüche, Farben, die jeweils wieder vier Alternativen – zum Beispiel: Desinfektionsmittel, Trockenshampoo, Pfefferspray, Packpapier – anbieten. In der Gebrauchsanleitung heißt es: »mit hilfe der drei auswahlfelder rechts unten können sie jederzeit zwischen ›bildern‹, ›gerüchen‹ und ›farben‹ wechseln: es hängt von dem sinn ab, den sie im moment am liebsten reizen würden. lassen sie sich von bildeindrücken, düften und gerüchen oder farben durch die räumlichkeiten des hochhauses leiten«

Das klingt hochkomplex, sollte aber niemanden einschüchtern. Mal abgesehen davon, dass Bilder und Farben den gleichen Sinn ansprechen: Dass der Gang durch die Geschichte dann wirklich durch Geruchs- und Gesichtssinn bestimmt würde, lässt sich nicht bestätigen. Man hätte auch nach den zu jedem Text aufgeführten Zeitpunkten (Mittwochabend, Sonntagnachmittag usw.) einteilen können. Überhaupt scheint da einiges nicht zu stimmen, denn die Texte tauchen unter den verschiedenen Labels auf, was ihren Einfluss auf die Sinneseindrücke nicht in erkennbarer Weise ändert. Insgesamt passt das Hypertext-Setting aber gut zur amüsant erzählten Geschichte. Denn solche Dinge in solchen Hochhäusern ereignen sich ja in der Tat in kleinen, lose verbundenen, einander überlappenden Häppchen.

Bilderlegen als Hypertext: *Zwei Tote? Ein digital-literarisches Rätsel* von Romana Brunnauer

Schon in den Einleitungsworten verspricht dieses recht interessant konstruierte Multimediawerk, dass der Leser mehr als der Leser ist. Er steigt auf zum Bestandteil der Handlung, Gestalter der Story, Autor.

Das Flash-Fenster wirft einen Satz (»Es ist Nacht in Ihrer Stadt«) und zwei glitzernde Sterne in den schwarzen Hintergrund. Man hört Hunde anschlagen und etwas wie eine Hupe. Ein Pfeil lenkt den User auf den Link, der nun zu klicken ist. »Die Stadt schläft wie betäubt. Einzig Sie sind wach und wandern durch die Stille.« Die Sätze beharren darauf: Es handelt sich hier um Literatur in der zweiten Person. In diesem Haus, so liest man weiter, wird es am nächsten Abend zwei Tote geben. Wenn kein Wunder geschieht.

Soweit das Intro. Unter dem nächsten Link der Menüleiste erfährt man, dass das heruntergekommene Haus seit kurzem von der Immobilienbetreuungs GmbH »Winter« verwaltet wird, dass es wegen der Lage an der Duchgangsstraße laut ist, dass es nach Abgasen stinkt und dass – so steht es im *Brief*, dem nächsten Menüpunkt – die geplanten Sanierungsmaßnahmen die Miete von 15 auf 24DM/qm erhöhen werden.

Ab jetzt ist es am User, die Dialoge der Mieter – 5 junge Leute und ein altes Ehepaar – abzuhören, indem er/sie deren Portraits in eines der gelben Felder zieht. So weiß man bald, wie jeder die Sache sieht. Und man ahnt auch bald, wer die beiden Toten sein werden. Da jedoch nicht wie beim Computerspiel die *schnellste* Lösung des Rätsels honoriert würde, liest man alle Dialoge. Dass man sie sich selbst erstellen muss, gibt dabei ein bisschen das Gefühl, mit dem Mikrofon herumzulaufen oder mit einem Abhörgerät (auch wenn die Dialoge selbst noch als Schrift kommen). Überraschend ist das Ganze allerdings weniger, als man glaubt. Überraschend ist nur mitunter die Erzähllogik, und natürlich die Lösung: Deus ex Machina; der Bote an der Tür (ja, es klingelt wirklich und man erschrickt ein bisschen wie die Aufgesuchten), ein Brief vom verlorenen Sohn, direkt aus Amerika. Da ist das Abschlussfeuerwerk schon vorprogrammiert.

Kurzauftritte in einem längeren Ausflug: *Reisetagebuch*
von Katharina Pallas (Text und Fotos), Stefanie Huber (grafische Gestaltung), Bernd Gersdorfer (HTML/Programmierung) und Melanie Schön (Projektleitung)

Der Fotoromane und -reisetagebücher gibt es viele im Netz, denn dieses Medium macht beides leicht, den Zugang zur Öffentlichkeit und die Bindung von Text an Bild. Aber kaum stößt man auf so ansprechendes Design und so clevere Navigationsmittel. Dabei legen Genre und Medium beides nahe: hier Foto, dort Text, hier nach Zeit geordnet, dort nach Raum. Nur, das Projektteam Chile weiß auch, wie man sowas bildschirmgerecht um-

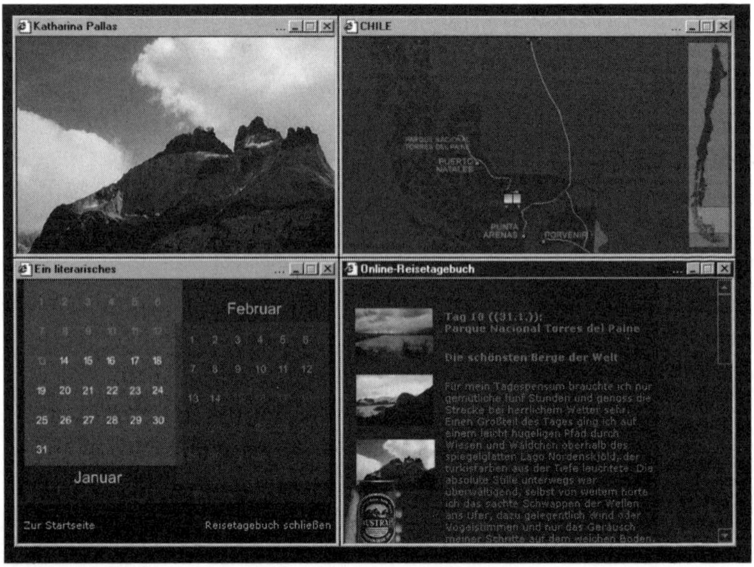

setzt. Die Zusammenarbeit hat ein vom Publikum honoriertes Werk erbracht, fast ganz im guten alten HTML.

Das beginnt mit den vier Browserfenstern, die sich in der Mitte des Bildschirms auftun. Im oberen linken die Fotos, im rechten die Karte, unten links der Kalender, rechts der Text. Den Fotos, die sich mitunter auch – wie die Panoramaaufnahme des San-Rafael-Gletschers – über beide obere Fenster erstrecken, sind Alt-Texte angehängt, die bei Mauskontakt erscheinen. So weiß man immer, wo man gerade ist, ganz ohne störende Titel im oder unter dem Bild. Die Markierung in der Karte aktualisiert sich, je nach Ort, den der Text erreicht hat. Der Text selbst ist dann ohne Querverbindungen. Man kann über den Kalender navigieren oder über die Karte oder auch über das »weiter« im Textfenster. Dies ist gewiss am sinnvollsten, denn letztlich handelt es sich hier um eine linear zu lesende Reisebeschreibung und nicht um ein Nachschlagewerk zu chilenischen Sehenswürdigkeiten.

Was beschreibt diese Reisebeschreibung? Alles, was eine Frau, die allein nach Chile reist, so erlebt. Das ist schon deswegen eine

Menge, weil diese Frau viel im Land unterwegs war und vielem begegnete: dem aus Vietnam stammenden Australier, der auf einer »ganz Südamerika in 4 Wochen«-Tour war, dem Pärchen aus Alaska – »jenseits der 40 und verliebt wie die Teenager. Nach ca. 10 Jahren hatte John seine langjährige Friseurin Linda erstmals gefragt, ob sie mit ihm ausgehen würde« – oder Tom und Sarah aus London, die, beide um die 30, den Job gekündigt, das Haus vermietet und alle Möbel eingelagert haben, um sich ein Jahr Auszeit zu nehmen. Alle tauchen sie kurz auf und verschwinden rasch (es ist nicht einmal Zeit für ein Foto), machen Platz den nächsten Leuten, Eindrücken, Informationen. Nie ist das Leben von Begegnen und Weitergehen so voll, wie wenn man Kind ist oder reist.

Der Stil ist erwartungsgemäß dokumentarisch, untersetzt mit gelegentlichen Kurzreflexionen. Die Autorin bleibt sehr bei der Sache und bei sich, unterlässt Ausflüge ins literarische Abseits. So wird im Eintrag am 20.1. unter dem Titel »Besuch in Twin Peaks« der Vergleich zwischen dem verlassenen Kaff Puerto Chacabuco und David Lynchs »gruseliger TV-Serie« eher gezogen als ausgemalt. Auch die zweistündige Busfahrt (am 17.1.) von Puerto Varas zum Parque Nacional Puyehue, in der »vier fröhliche Damen so zwischen 60 und 70« die Reisende ausfragten, wie sie als Frau allein in einen fremden Kontinent reisen könne, muss auf spätere Ausmalung warten, denn hier geht es jetzt ja in den Nationalpark, den der Reiseführer als Feenwald anpries.

Nein, die Reisedokumentation unterwirft sich nicht der Literatur. Dies wäre ein anderes Projekt, das dann vielleicht wieder im Medium Buch erfolgt.

Mixgetränke und Geschichten ganz direkt: *Cocktailstories* von Jochen Metzger

»Cocktails mixen und Geschichten dazu passend serviert bekommen.« So wird der mediale Mehrwert dieses Projekts angepriesen. »Oder einfach aus dem Menü einen Drink aussuchen und dann zu den Stories springen«, geht der Text weiter. Es stimmt freilich bedenklich, dass man den Effekt auch umgehen kann. Kommt es etwa gar nicht auf ihn an? Wie funktioniert er eigentlich genau?

Es gibt einen Kreis an Zutaten, um einen Cocktailshaker herum: Wodka, Preiselbeersaft, Triple Sec, Weißer Rum, Pfeffer, Zucker etc., alles, woraus Cocktails gemacht sind. Schiebt man nun Triple Sec in den Shaker, wird die Hälfte der verbleibenden Zutaten blass. Denn sie mischen sich nicht mit Triple Sec, jedenfalls nicht nach den Regeln des hier Vorgegebenen, und scheiden somit aus. Nimmt man Wodka, Grenadine und Ananas dazu, wäre das ein »Pink Pussy Cat«, dessen Geschichte nach dem Bild eines wackelnden Cocktailshakers erscheint.

Das Prinzip ist durchschaubar und die Mixoptionen der User sind beschränkt, nämlich auf genau acht Cocktails, die jeweils mit einem immer gleichen Text erscheinen. Man kann also keinswegs – als Realisierung eines gewissermaßen doppelsinnig flüssigen Hypertextes – *Geschichten* mixen, man kann immer nur eine der vorrätigen Geschichten wählen. Der Unterschied ist einer des Konzepts: In manchen Bars darf man sagen, was alles in den Mixer soll, in anderen wissen das die Bartender besser und fordern nur den Namen der Drinks ab.

Was nun den »Pink Pussy Cat« angeht, den trinkt besonders gern Sebastian, der Alkoholiker-Mönch, der am liebsten den ganzen Tag sein Laken mit hübschen Frauen teilen würde, wie er dem Erzähler beim fünften Glas in einer Cocktailbar am Ufer des Douro bekennt – bevor er, nach weiteren Schlucken, der schönen Fado-Sängerin zu Füßen kniet, vom kräftigen Spross des Baumes kündet und den Reißverschluss seiner Hose öffnet, so dass der schweigende Gitarrist das erste Mal an diesem Abend seine Sonnenbrille abnimmt, den Barhocker verlässt und mit etwas in der Hand zum Benediktinermönch rüberkommt, das anders aussieht als eine Gitarre.

Andere Geschichten sind nicht minder krass. »Kamikaze« etwa – dies wäre Wodka, Triple Sec und Lime Juice –, wo man Katharina begegnet, die sich im Amazonasgebiet beim Baden einen Wurm in die Gebärmutter zog.

Oder die Geschichte von Julia in »Sex on the Beach« – Wodka, Pfirsichlikör, Orangensaft, Preiselbeersaft –, die die Missionarsstellung langweilte. Und die Geschichte zu »White Russian« – Wodka, Kahlua, Milch – von der ehemaligen Weinkönigin aus Bernkastel-Kues, die nach zwei Semestern klassischer Philologie in das Weingeschäft ihres Vaters zurückging und nun an der Bartheke des Funky Abbey über Gewichtsprobleme klagt.

Ohne Frage: Die Geschichten sind mit Witz erzählt. Die Lektüre wird nur ein bisschen getrübt durch den wenig kooperativen Navigationsmechanismus. Es entsteht der Eindruck, diese Texte würden in einem Buch einen viel besseren Eindruck machen, selbst wenn man dann nicht erst die Zutaten in den Cocktailshaker werfen muss. Aber da ist man beim Grundproblem des Hypertextes und ähnlicher Passiv-Aktiv-Konstellationen: Sei es Cocktail oder Sandwich – manchmal will man einfach probieren und nicht erst bestimmen müssen, ob es nun mit Whole Bread oder French Bread, mit Italian oder Russian Dressing, mit Salat oder ohne, rare, medium oder well done sein soll. Zumindest, wenn man in Deutschland aufgewachsen ist.

Hitchcock-Psychogeigen, Blutstropfen und doch kein Mord: *Neben mir* von Wolfgang Flür

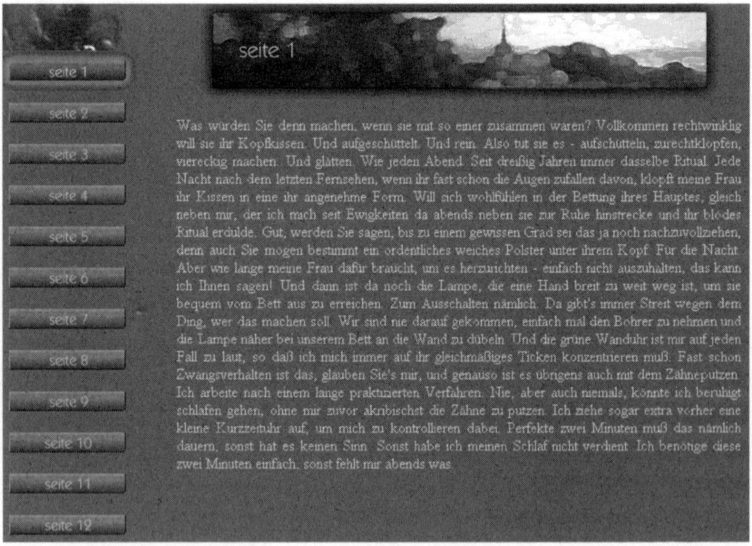

Schon die ersten Zeilen ziehen in die Geschichte. Und auch ohne das unentrinnbare Geräusch des Großmutter-Weckers im Hintergrund wüsste man: Den Erzähler nervt längst, wer da neben ihm liegt und lebt.

Der Text richtet sich direkt an die Leser und verrät ihnen weitere Schlafzimmergeheimnisse. Es geht ums Schnarchen, um Verdauungslärm, um das ausgiebige Betätigen der Toilettenspülung, wenn einer nachts raus muss: das Problem des gemeinsamen Alterns, zentriert auf die Enge des Ehebettes. Die Rückblende in die gemeinsame Kindheit – als er (9 Jahre) dem Nachbarmädchen (16 Jahre) immer die Finger ins Höschen stecken sollte und dafür von ihrem Taschengeld bekam – hält noch einige Überraschungen parat. So wie ja dann auch die Gegenwart, wenn der Erzähler – »Heute ist der Höhepunkt meiner Toleranz überschritten. Heute muss endlich etwas geschehen!« – leise aufsteht, um das Tranchiermesser und ein dickes Frotteehandtuch zu holen.

Dieser Beitrag wirkt ganz über den raffiniert komponierten Text und braucht die Geräuschkulisse – Weckerticktack, Kaffeemaschine, Straßenbahn und Hitchcock-Psychogeigen – nicht wirklich. Die Geschichte ist, wie der Autor verrät, ja eigentlich auch Teil eines Buches, worin sie »später sogar noch weitergeht und schließlich dramatisch endet«. Der Ausflug in diesen Wettbewerb, so Flür, war der Versuch, »das Geschehen mit der Bebilderung noch eindrucksvoller zu gestalten. Ich glaube aber mittlerweile, dass nichts eindrucksvoller gestalten kann als die eigene Imagination« – und für die liegt hier ein guter Text parat.

Gedichte: *p_u_s_t_e_k_u_c_h_e_n* von Gert Reuter

Dieser Beitrag bietet zwei Rubriken an: »klassisch« und »digital«. Unter »klassisch« findet man drei Gedichte, Verspoetik in klassischer Manier.

In der Rubrik »digital« gibt es vier Varianten, Gedichte am Bildschirm zu präsentieren: Einmal zeigt sich jeder Vers durch einen Mouseover-Kontakt auf einer nebenstehenden Leiste, einmal rennen die Verse horizontal hintereinander durchs Bild,

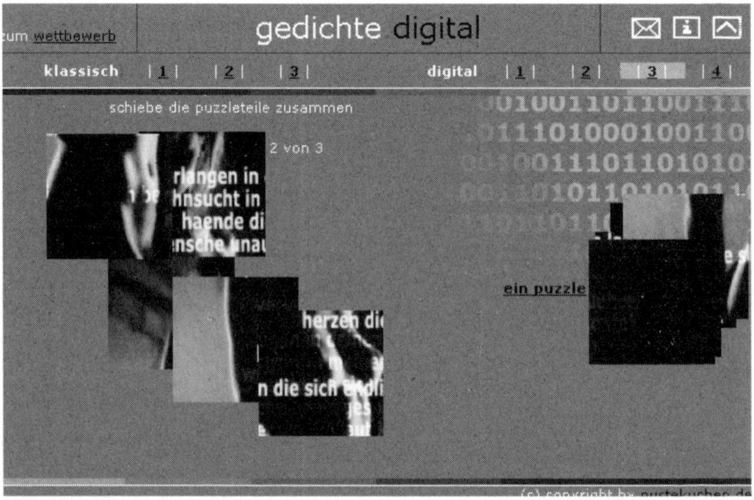

dann wurde der Text mit der Schere bearbeitet, aber nicht vorher, wie bei Tristan Tzara, sondern hinterher – die Leser sollen die neuen Teile nun wieder richtig zusammenfügen. Schließlich erscheint der Text noch einmal versweise, diesmal ohne dass man erst Mauskontakt herstellen muss.

Ein audio-visueller Hypertext als Rollover-Lovepoem: *Yatoo* von Zeitgenossen (Ursula Hentschläger und Zelko Wiener)

Yatoo (*You Are The Only One*) ist eines jener Werke, denen man im Netz begegnen möchte. Ein Vertreter der »Audio-Kontakt-Kunst« – die ihren Text erst bei Mausover-Kontakt (Rollover) als gesprochene Sprache preisgibt –, der die Soundaktivierung zugleich zum visuellen Ereignis macht und beides so gut ineinanderspielen lässt, dass auch Berufsskeptiker ihre Freude am semantischen Mehrwert der Effekte haben dürften.

Das Eingangsbild ist ein fünfeckiger Stern. Jede Ecke ist zweigeteilt, und wie bei Mauskontakt klar wird, spricht bei der einen

Hälfte eine Frau, bei der anderen ein Mann. Die fünf »Frauenfelder« ergeben (und zwar ganz gleich in welche Richtung man geht und mit welcher Ecke man beginnt) folgendes Bekenntnis: »I/love/you/so/much«. Der Stern verändert durch den Kontakt seine Form, die Frauenfelder verschieben sich. Beim Weiterklicken heißt es dann: »I won't leave you alone«. Die Grafik entwickelt eine neue Harmonie, wobei die folgenden Worte der Frau auch schon Disharmonisches andeuten: »I will suffer from you«. Und weiter, als Ausweg: »I want you to escape«. Dem folgen wiederum andere Bekenntnisse, bis der Stern seine Ausgangslage eingenommen hat, die Verse sich wiederholen.

Auch der Klick auf die »Männerfelder« bringt die gleichen Verse hervor, wenn auch in veränderter Reihenfolge. Allerdings nur, wenn man Mann und Frau nicht abwechselnd bzw. durcheinander sprechen lässt. Denn dies erzeugt ein Chaos der Soundfiles, dem gar kein Sinn mehr zu entnehmen ist – außer vielleicht die dem effektvollen Spiel unterlegte Botschaft, dass Verständigung (auch/gerade unter Liebenden) auf Dauer nur unter bestimmten Bedingungen funktioniert.

Die Bedingung hier ist die genaue Navigation; mit dem mitschwingenden Ratschlag, sich vor dem Hypertext zu hüten, der nur ein unkontrolliertes Amalgam an Textfetzen und visuellen Modulen erzeugt. Damit kommt die Poetik der Beschränkung, wie man sie von avantgardististischen Schreibexperimenten kennt (zum Beispiel ein ganzer Roman ohne den Buchstaben n wie beim Lipogram), gleich doppelt zum Einsatz: auf der Produktionsebene (jeder der 2 × 10 Verse muss seine Aussage in genau 5 Wörtern vermitteln) und auf der Rezeptionsebene (die notwendige Treffsicherheit des »Lesers« beim Klicken). Das Lesen, das zum Hören wird, ist ein Ertasten.

Und das Zusammenspiel von Sound und Bild? Das sei der Fantasie des Lesers/der Leserin überlassen. Zum Beispiel wenn sie sagt: »I will suffer from you«, und ihre Teile sich unter seine legen – als sei es genau dieses Überdecktsein, was sie meint. Oder wenn sie im anschließenden »I want you to escape« sich unter ihm ausbreitet – wie um dem Fortgeschickten ein einladendes Bett zu sein, während die gleiche Aussage aus seinem Mund dazu führt, dass seine Teile sich schwer und unausweichlich auf die ihrigen legen.

Ein komplexes, gelungenes Werk, im Hinblick auf Design und Programmierung ebenso wie konzeptionell. Eine Adresse, die man sich unbedingt merken sollte.

IV. BIBLIOGRAFIE

Werke, Websites, Webprojekte

Alle Webadressen wurden das letzte Mal im Dezember 2001 geprüft.

Die Aaleskorte der Ölig: Hypermedia von Frank Klötgen und Dirk Günther – www.internetkrimi.de/aaleskorte/

23:40: Mitschreibprojekt von Guido Grigat – dreiundzwanzigvierzig.de/cgi-bin/2340index.pl

Afternoon, a Story: Hyperfiction von Michael Joyce: *Eatsgate Systems* 1991 – www.eastgate.com

Alt-X Online Network: Online-Magazin, hg. v. von Mark Amerika – www.altx.com

Amazon: Online-Buchhändler – www.amazon.de

Am Pool: Schreibplattform – www.ampool.de

Archive of Internet Art: Onlinearchiv auf der Rhizome-Website – http://rhizome.org/artbase

Artcart: net.art-shop: www.artcart.de

Artintact: CD-ROM zur interaktiven Kunst (Nr. 1-5), hg. v. Zentrum für Kunst und Medientechnologie Karlsruhe, Ostfildern: Cantz-Verlag 1994–1999

Assoziations-Blaster: Mitschreibprojekt von Alvar Freude und Dragan Espenschied – www.assoziations-blaster.de

Ästhetik digitaler Literatur: Symposium Oktober 2000 in Kassel – www.netzaesthetik.de, Beiträge unter: www.dichtung-digital.com/Forum-Kassel-Okt-00

Beim Bäcker: Mitschreibprojekt unter Leitung von Claudia Klinger – www.snafu.de/klinger/baecker

Berliner Zimmer: Webmagazin, hg. v. Sabrina Ortmann und Enno E. Peter – www.berlinerzimmer.de.

Blair Witch Project: www.blairwitch.com

BoD: Book on Demand-Abteilung des Grossisten Libri – www.bod.de

Bol: Zu Bertelsmann gehörender Internetbuchhändler – www.bol.de

Bostoner Cyberarts Festival: http://gallery.bostoncyberarts.org/web_frameset.html

Brainwash: Hypermedia von Fevci Konuk – www.hyper-eden.com/brainwash

Buchkatalog: Onlineplattform und Buchkatalog des Großhändlers Koch, Neff und Oetinger – www.buchkatalog.de

Cocomore: Content Broker – www.cocomore.de

Competition for New Media Writing: http://trace.ntu.ac.uk/comp.cfm

Crime: Hypermedia von Susanne Wolf – www.dopa.de/stimme

Cyberspace, Hypertext & Critical Theory: Linkliste der Brown University – http://landow.stg.brown.edu/cpace/cspaceov.html

CYNETart: Dresdner Festival für computergestützte Kunst – www.body-bytes.de/g/bb_set.htm

Das Generationenprojekt: Mitschreibprojekt von Jan Ulrich Hasecke – www.generationenprojekt.de

Das Schloß Dürande: Joseph von Eichendorff, Stuttgart: Reclam 1967

Datenbank der Virtuellen Kunst: DFG-Projekt am Kunsthistorischen Institut der Humboldt-Universität Berlin – www.arthistory.hu-berlin.de/

Der Assoziationsblaster: Mitschreibprojekt von Dragan Espenschied und Alvan Freude – www.assoziationsblaster.de

Der Trost der Bilder: Hypermedia von Jürgen Daiber und Jochen Metzger – http://pweb.de.uu.net/jocmet/pegasus98/

Dichtung-digital: Online-Journal zur digitalen Ästhetik, hg. v. Roberto Simanowski – www.dichtung-digital.com.

Die imaginäre Bibliothek: Hypertext von Heiko Idensen und Matthias Krohn – www.hyperdis.de/pool

Die Säulen von Llacaan: Mitschreibprojekt von Roger Nelke – http://netzwerke.textbox.de/llacaan

Die zweite Fahrt: audio-visuelles Projekt von Katharina Bihler, Andreas H. Drescher, Hartmut Oßwald und Stefan Scheib – siehe CD-ROM zu diesem Buch

Digital Troja: Hypermedia von Fevci Konuk – hyper-eden.com/default2.html

Digital diary: Webtagebuch von Claudia Klinger – http://claudia-klinger.de/digidiary/

Digitaler Diskurs: Symposium zu Internet und Literatur Januar 1999 – www.kulturprozent.ch/digitalerdiskurs/

Disappearing Rain: Hyperfiction von Deena Larsen – www.chisp.net/textra/rain

Dominoa: Kombinationstext von Petra Harml-Prinz, Angelika Mittelmann, Renate Plöchl, Ilse Wagner und Anja Westerfrölke: www.servus.at/dominoa

Eastgate Systems: Verlag für Hyperfiction, gegründet und geleitet von Mark Bernstein – www.eastgate.com

ENarrative: weekend roundtable and workshops – www.enarrative.org/index.html

Electronic Book Review: www.altx.com/ebr

Electronic Literature Organisation: www.eliterature.org

Epos der Maschine: Hypermedia von Urs Schreiber – http://kunst.im.internet.de/epos-der-maschine

Error 404: Hypertext von Anna Best – www.e-2.org/acab.html

E-Space: Netzkunst-Ausstellung des San Francisco Museum of Modern Art – www.sfmoma.org/espace/espace_overview.html

Etoy: Digital Hijack – www.hijack.org

Ettlinger Internet-Literaturwettbewerb 1999: www.literaturwett bewerb.de

Forum der Dreizehn: Schreibplattform – www.forum-der-13.de

Fraktalroman: Mitschreibprojekt von Ganymed und Nexo of Kystone – www.fraktalroman.de/main01.htm

gatt.org: Websitefälschung – www.gatt.org (vgl. http://rtmark.com/pressgat.html, http://rtmark.com/verio.html, www.theyesman.org)

Grammatron: Hypermedia von Mark Amerika – www.gramma tron.com

Hartmoderne: Symposium zur Positionsbestimmung neuer Literatur in der Informationsgesellschaft – www.thing.de/hartmoderne

Hilfe!: Hypertext von Susanne Berkenheger – http://ourworld.compu serve.com/homepages/Berkenheger/hilfe.htm

Hipertulia: spanisches Online-Journal zur digitalen Literatur – www.ucm.es/info/especulo/hipertul

Hyperfiction: annotierte Linksammlung von Beat Suter – www.update.ch/beluga/hypfic.htm

Hyperizons: Linksammlung von Michael Shumate – www.duke.edu/mshumate/hyperfic.html

Hypertext Kitchen: News-Site zu Hypertext von Eastgate Systems – www.hypertextKitchen.com

Interaktive Literatur: DFG-Teilprojekt am Fachbereich Sprach-, Literatur- und Medienwissenschaften der Universität Gesamthochschule Siegen – http://waste.informatik.hu-berlin.de/MTG/d4.htm

Interfiction: Dokumentarfilm- und Videofest – www.interfiction.net/interf.html

InternetKunstPreis 2001: http://net-z-lab.de/more/weiter.html

Internet-Literaturpreis zum Millennium: Wettbewerb zur digitalen Literatur, nicht mehr online (vgl. Bericht unter www.dichtung-digital.com/Verschiedenes/Literaturcafe)

Internet und Literatur: Tagung Januar 2001 am Institut für Allgemeine und Vergleichende Literaturwissenschaft der Johannes-Gutenberg-Universität Mainz – www.germanistik.uni-mainz.de/AVL/index.html

Interszene: Symposium zu Theatralität und Oralität im Netz, Juli 2000 – www.textgalerie.de/ouargla/arc/interszene.htm

Kolonialwarenladen: Webshop-Parodie – www.kolonialwarenladen.de

Lehmanns Online Bookshop: www.lob.de

Lexia to Perplexia: von Talan Memmott – http://trace.ntu.ac.uk/newmedia/lexia/index.htm

Libri: Buchgroßhändler – www.libri.de

Links zur Literatur: Linkliste von Oliver Gassner – www.carpe.com/lit

Linzer Marianne-von-Willemer-Preis 2000: Wettbewerb zur digitalen Literatur – http://web.aec.at/willemer

Liter@tur: Website zur digitalen Literatur, hg. v. Torsten Liesegang – www.netlit.de

Liter@turwettbewerb: Wettbewerb von ARTE zur digitalen Literatur – www.arte-tv.com/them@/dtext/literatur/lesereise/lesereise_fs.html

Literatur-Café: Online-Journal, hg. v. Wolfgang Tischer: www.literatur-cafe.de.

Luther Blissett-Projekt: Archiv – www.LutherBlissett.net

Marietta: work in progress-Projekt von Matthias Politycki – http://novel.zdf.de

MoMA.org: Online-Projekte des New Yorker Museum of Modern Art – www.moma.org/docs/onlineprojects/index.htm

net-art: Voting zur Netzkunst – www.net-art.org/

Net.art Contest: Portal zur Netzkunst: www.grafika.splet.net/infos2000/prijave/index.htm

Net Art Guide: von Hans-Jörg Bullinger, Thomas Renner und Anette Weisbecker – www.e-business.fhg.de/netzknst/netartgu.htm

Net_Conditions: Netzkunstausstellung des Zentrums für Kunst und Medientechnologie in Karlsruhe (Eröffnung 1999) – http://on1.zkm.de/netCondition.root/netcondition/start/language/default

Netlibrary: elektronische Texte und Bücher zum Herunterladen – www.netlibrary.com

Nettime: Mailinglist – www.nettime.org

Netzwissenschaft: Linkliste von Reinhold Grether zu den Themen einer neuen Wissenschaft – www.netzwissenschaft.de

New York University Press Prize for Hyperfiction 1999: www.nyupress.nyu.edu/hypertext

NULL: Schreibportal – www.dumontverlag.de/null

p0es1s: webgalerie für internationale Poesie im Bereich von Multimedia und Internet – www.p0es1s.com

Permutationen: Dokumentation permutativer Dichtung von Florian Cramer – http://userpage.fu-berlin.de/~cantsin/index.cgi

PHON:E:ME: Hypermedia von Mark Amerika – http://phoneme.walkerart.org

Postmodern Culture: Online-Journal – http://jefferson.village.virginia.edu/pmc

Projekt Gutenberg: Sammlung digitalisierter Texte der Weltliteratur – http://gutenberg.aol.de/gutenb.htm

Q: Roman von Luther Blissett, Turin: Einaudi 2000

Quadrego: Hypermedia von Stefan Maskiewicz (2001) – siehe CD-ROM zu diesem Buch

Reagan Library: Hypermedia von Stuart Moulthrop – http://raven.ubalt.edu/staff/moulthrop/hypertexts/RL

Rhizome: Online Community Space zu new media art – http://rhizome.org

Rice: Textprojekt von Jenny Weight – www.idaspoetics.com.au/rice/riceheading.html

Rocket-e-Book: elektronische Bücher fürs rocket-e-Book – www.rocket-ebook.de

RTMark: Netzaktivisten – www.rtmark.com

Sexual Blood: Roman von Mark Amerika, Illinois: Fiction Collective Two 1995

Softmoderne: Symposium zur digitalen Kultur – www.softmoderne.de

swotbooks: Fachliteratur zum Download und Weiterverkaufen – www.swotbooks.com

Tagebau: kollektives Tagebuchprojekt – www.tage-bau.de

Tele-Phony: Netzkunst von Lance Shields – www.opussoup.com/telephony

The Buddha Smiled: Hyperfiction von Pratik Kanjilals – www.nyupress.nyu.edu/hypertext/buddha
The Kafka Chronicles: Roman von Mark Amerika, Illinois: Fiction Collective Two 1993
The Remedi Projekt: Netzkunstportal – www.theremediproject.com
The Straight Path: Hyperfiction von Adnan Ashraf – www.nyupress.nyu.edu/hypertext/straightpath
The Unknown: Hypertext von William Gillespie, Scott Rettberg und Dirk Stratton: www.unknownhypertext.com
trAce/Alt-X International Hypertext Competition 1998: http://trace.ntu.ac.uk/hypertext
trAce/Alt-X New Media Writing Competition: http://trace.ntu.ac.uk/comp.cfm
Transmediale 01: Media-Art-Festival – www.transmediale.de/01/de/diy.htm
Twelve Blue: Hypertext von Michael Joyce – www.eastgate.com/TwelveBlue/Twelve_Blue.html
txt: Online-Plattform der Kleinverlage und Internetbuchhändler – www.txt.de
Ubermorgen: Netzaktivisten – www.ubermorgen.com
update Verlag: Bücher zum Thema Internet und digitale Literatur – www.update-verlag.ch
Victorian Web: Hypertext zum Victorianischen Zeitalter – http://65.107.211.206/victov.html
Victory Garden: Hyperficiton von Stuart Moulthrop – *Eastgate Systems* 1991
Vote Auction: Internet-Performance – www.vote-auction.net oder http://62.116.31.68
Walker Art Center: Website zu New Media Art – www.walkerart.org
Webring Bla: von Guido Grigat – www.bla2.de
Wettbewerb elektronisches Medienkunstwerk: www.e-business.fhg.de/netzknst/wettbew.htm
Wissen.de: digitales Lexikon von Bertelsmann – www.wissen.de
Wordcircuits: Website von Robert Kendall – www.wordcircuits.com
wu-ming: www.wumingfoundation.com
Xipolis: digitales kostenpflichtiges Lexikon des Holtzbrinck-Konzerns – www.xipolis.net
Zeit für die Bombe: Hyperfiction von Susanne Berkenheger – http://ourworld.compuserve.com/homepages/Berkenheger

Sekundärliteratur (Print und Online)

Aarseth, Espen (1999): »Hypertext, Cybertext, Digital Literature, Medium«, Interview in: *dichtung-digital* – www.dichtung-digital.com/Interviews/Aarseth-16-Dez-99

Aarseth, Espen (1997): *Cybertext. Perspectives on Ergodic Literature,* Johns Hopkins University Press.

Albrecht, Jörg (2001): »Wie der Geist zur Beute wird«, in: *Die Zeit* 12/2001 – www.zeit.de/2001/12/Media/200112_eigentum_2.html

Amerika, Mark (o.J.): »Amerika On-line, Internetkolumne« – www.altx.com/amerika.online

Amerika, Mark (2000): »network (h)activity«, Interview in: *dichtung-digital* – www.dichtung-digital.com/Interviews/Amerika-3-Nov-00

Arnheim, Rudolf ([7]1996): *Anschauliches Denken: Zur Einheit von Bild und Begriff,* Köln: DuMont.

Baumgärtel, Tilman (2001a): »Digitale Kunst zwischen Blüte und Isolation«, Interview in: *dichtung-digital* – www.dichtung-digital.com/2001/11/24-Baumgaertel

Baumgärtel, Tilman (2001): *Net.art 2.0. Neue Materialien zur Netzkunst,* Verlag für moderne Kunst Nürnberg.

Baumgärtel, Tilman (1999): *[net.art] Materialien zur Netzkunst,* Verlag für moderne Kunst Nürnberg.

Baumgärtel, Tilman (1997): »Aus der Vor- und Frühgeschichte der Netzkunst«, in: *Telepolis, 26.06.1997* – www.heise.de/tp/deutsch/special/ku/6151/1.html

Berkenheger, Susanne (2000): »Hyperfiction pur«, Interview in: *dichtung-digital* – www.dichtung-digital.com/Interviews/Berkenheger-28-Sep-00

Berners-Lee, Tim (o.J.): »The World Wide Web: A very short personal history« – www.w3.org/People/Berners-Lee/ShortHistory.html

Bernstein, Mark (1999): »Creating, selling, and evaluating Hyperfiction«, Interview in: *dichtung-digital* – www.dichtung-digital.com/Simanowski/17-Juli-99/Interview_Bernstein.htm

Block, Friedrich W. (2001): »Website: Zum Ort digitaler Literatur im Netz der Literaturen«, in: Simanowski 2001, 97–109.

Böhler, Christine (2001): *Literatur im Netz. Projekte, Hintergründe, Strukturen und Verlage im Internet,* Wien: Triton.

Bolter, Jay David (1997): »Die neue visuelle Kultur. Vom Hypertext zum Hyperfilm«, in: *Telepolis* 2, 84–91.
Bolter, Jay David (1996): »Ekphrasis, Virtual Reality, and the Future of Writing«, in: *The Future of the Book,* Berkeley, hg. v. Geoffrey Nunberg, University of California Press, 253–272.
Bolter, Jay David (1991): *Writing Space. The Computer, Hypertext, and the History of Writing,* Hillsdale, New Jersey.
Bolz, Norbert (1993): *Am Ende der Gutenberg-Galaxis. Die neuen Kommunikationsverhältnisse,* München: Fink.
Bulkley, Kate (2001): »Missing a beat«, in: *The Bookseller,* 7. September, 24–26.
Bush, Vannevar (1945): »As we may think«, in: *Atlantic Monthly* 176, 101–108. Online unter: www.isg.sfu.ca/duchier/misc/vbush
Corinth, Ernst (2001): »Auch das noch«, in: *Telepolis* – www.telepolis.de/deutsch/inhalt/te/7415/1.html
Coover, Robert (2000): »Literary Hypertext: The Passing of the Golden Age«, in: *Feedmag* – www.feedmag.com/document/do291_master.html?alert (deutsche Übersetzung von Roberto Simanowksi in: Simanowski 2001, 22–30).
Coover, Robert (1992): »The End of Books«, in: *New York Times Book Review* (21. 6. 1992: 1, 11, 24–25).
Daiber, Jürgen (1999): »Literatur und Nicht-Linearität: Ein Widerspruch in sich?«, in: *Jahrbuch für Computerphilologie* 1 (1999), 21–38.
Dawkins, Richard (1976): *The Selfish Gene,* Oxford University Press – (Kapitel 11: www.rubinghscience.org/memetics/dawkinsmemes.html)
Delany, Paul und George P. Landow (1991) (Hgg.): *Hypermedia and Literary Studies,* Cambridge and London: MIT Press.
Didi-Hubermann, Georges (2000): *Vor einem Bild,* München: Hanser.
Dotzler, Bernhard J. (2001): »Virtual Texutality«, in: Hess-Lüttich 2001, 121–135.
Douglas, Yellowlees J. (2000): *The End of Books – or Books without End. Reading Interactive Narratives,* University of Michigan Press.
Engelbart, Douglas C. (1991): »Knowledge-Domain Interoperability and Open Hyperdocument System«, in: *Hypertext/Hypermedia Handbook,* hg. v. E. Berk und J. Devlin, New York, 397–414.
Engelbart, Douglas C. (1988): »The Augmented Knowledge Workshop«, in: *A History of Personal Workstations,* hg. v. A. Goldberg, Reading, Mass., 187–232.
Eskelinen, Markku und Raine Koskimaa (2001) (Hgg.): *CyberText Year-*

book 2000, Publications of the Research Center for Contemporary Culture 68, University of Jyväskylä, Finnland. (Interview mit den Herausgebern in *dichtung-digital*: www.dichtung-digital.com/2001/05/30-Esk-Kosk)

Flohr, Manfred (2000): »E-Books sorgen für Spannung«, in: *Chip Online,* 29. September – www.chip.de/druckansicht/druckansicht_102708.html

Friebe, Holm (1999): »Abfall von allen«, in: *BZ,* 4. März.

Giap, Wu Ming's newsletter # 1 – www.wumingfoundation.com/english/giap/giapdigest01.htm

Godin, Seth: *Ideavirus,* Hyperion 2001 (vgl. www.ideavirus.com)

Gombrich, Ernst H. (1984): »Das Bild und seine Rolle in der Kommunikation«, in: *Bild und Auge. Neue Studien zur Psychologie der bildlichen Darstellung,* hg. v. Ernst H. Gombricht, Stuttgart: Klett-Cotta.

Gumbrecht, Hans Ulrich und K. Ludwig Pfeiffer (1988) (Hgg.): *Materialität der Kommunikation,* Frankfurt am Main: Suhrkamp.

Grau, Oliver (2001): *Virtuelle Kunst in Geschichte und Gegenwart. Visuelle Strategien,* Berlin: Reimer.

Harms, Wolfgang (1990, Hg.): *Text und Bild, Bild und Text. DFG-Symposion 1998,* Stuttgart: Metzler.

Harpold, Terry (2000): *Links and Their Vicissitudes,* University of Michigan Press.

Hautzinger, Nina (1999): *Vom Buch zum Internet? Eine Analyse der Auswirkungen hypertextueller Strukturen auf Text und Literatur,* St. Ingbert: Röhrig Universitätsverlag.

Hayles, Katherine (1997) (Gastredaktion): *Technocriticism and Hypernarrative,* Modern Fiction Studies 43/3.

Heibach, Christiane (2000): *Literatur im Internet. Theorie und Praxis einer kooperativen Ästhetik,* Berlin: dissertation.de.

Hess-Lüttich, Ernest W. B. (2001, Hg.): *Autoren, Automaten, Audiovisionen. Neue Ansätze der Medienästhetik und Tele-Semiotik,* Wiesbaden: Westdeutscher Verlag.

Hettche, Thomas und Jana Hensel (2000) (Hgg.): *NULL,* Köln: DuMont.

Hettche, Thomas (1999): *Animationen,* Köln: DuMont.

Hiebel, Hans H., Heinz Hiebler, Karl Kogler und Herwig Walitsch (1999) (Hgg.): *Große Medienchronik,* München: Fink.

Hiebel, Hans H., Heinz Hiebler, Karl Kogler und Herwig Walitsch (1998) (Hgg.): *Die Medien. Logik – Leistung –Geschichte,* München: UTB.

Horaz (1972): *Ars poetica. Die Dichtkunst,* Stuttgart: Reclam.

Hörisch, Jochen (2001): *Der Sinn und die Sinne. Eine Geschichte der Medien,* Frankfurt a. Main: Eichborn.

Idensen, Heiko (1996): »Die Poesie soll von allen gemacht werden! – Von literarischen Hypertexten zu virtuellen Schreibräumen der Netzwerkliteratur«, in: Matejovski/Kittler, 143–184.

Idensen, Heiko (1999): »Interview«, in: Baumgärtel (1999), 46–55.

Idensen, Heiko (1995): »Hypertext als Utopie. Entwürfe postmoderner Schreibweisen und Kulturtechniken« – www.filmladen.de/dokfest/1995/utopie.htm

Jannidis, Fotis; Lauer, Gerhard; Mathias Martinez und Simone Winko (Hgg.) (2000): *Texte zur Theorie der Autorschaft,* Stuttgart: Reclam.

Joyce, Michael (1995): »Siren Shapes: Exploratory and Constructive Hypertexts«, in: ders: *Of Two Minds,* University of Michigan Press, 39–59 (zuerst 1988).

Joyce, Michael (1991): »Notes Toward an Unwritten Non-Linear Electronic Text, ›The Ends of Print Culture‹«, in: *Postmodern Culture* – http://muse.jhu.edu/journals/postmodern_culture/v002/2.1joyce.html

Kean, Danuta (2001): »Short Circuiting the trade«, in: *The Bookseller,* 14. September, 28–31.

Kendall, Robert (1995): »Writing for the New Millennium. Birth of Electronic Literature« – http://wordcircuits.com/kendall/essays/pw1.htm

Klepper, Martin, Ruth Mayer und Ernst-Peter Schneck (1996, Hg.): *Hyperkultur. Zur Fiktion des Computerzeitalters,* Berlin und New York.

Klötgen, Frank (2000): »Die Aaleskorte der Ölig«, Interview in: *dichtung-digital* – www.dichtung-digital.com/Interviews/Kloetgen-22-Aug-00

Koskimaa, Raine (2001): »Digital Literature. From Text to Hypertext and Beyond« – www.cc.jyu.fi/~koskimaa/thesis

Kuhlen, Rainer (1991): *Hypertext. Ein nicht-lineares Medium zwischen Buch und Wissensbank,* Berlin/Heidelberg: Springer.

Kuni, Verena (1999): »Einführung: Das Netz, die Kunst, der kleine Punkt und seine Liebhaber«, in: *netz.kunst: Jahrbuch 98/99,* hg. v. Institut für moderne Kunst Nürnberg in Zusammenarbeit mit Verena Kuni, 6–17.

Landow, George P. (1994) (Hg.): *Hyper/Text/Theory,* Baltimore und London.

Landow, George P. (1992): *Hypertext. The Convergence of Contemporary Critical Theory and Technology,* Baltimore und London.

Lanham, Richard A. (1993): *The Electronic Word. Democracy, Technology and the Arts,* University of Chicago Press.

Larsen, Deena (2000): »Living for Hypertext«, Interview in: *dichtung-digital* – www.dichtung-digital.com/Interviews/Larsen-05-Nov-00

Lichtenberg, James (2001): »Libraries Look for Niche in Electronic Publishing World«, in: *Publishers Weekly,* 24. September, 21–23.

Liesegang, Torsten und Hansgeorg Schmidt-Bergmann (2001) (Hgg.): *Liter@tur. Computer/Literatur/Internet. Beiträge zu einer Theorie einer digitalen Literatur,* Bielefeld: Aisthesis.

Lovink, Geert und Pit Schultz (1997): »Anmerkungen zur Netzkritik«, in: Münker/Roesler, 338–367.

Marchart, Oliver (1997): *Neoismus. Avantgarde und Selbsthistorisierung,* Klagenfurt, Wien: Edition Selene.

Matejovski, Dirk und Friedrich Kittler (1996) (Hgg.): *Literatur im Informationszeitalter,* Frankfurt am Main und New York: Campus.

Meier, Michael (2000): »Content Commerce – Neue Vermarktungsmodelle (auch) für Verlage«, in: *Diskussionsforum IASL online und dichtung-digital* – www.iasl.uni-muenchen.de/discuss/lisforen/meier.htm und www.dichtung-digital.com/IASL-Forum/Meier-28-11-00.htm

Memmott, Talan (2000): »active/onBlur: an interview with Talan Memmott«, in: *Electronic Book Review* – www.altx.com/ebr/ebr11/11tal.htm

Moulthrop, Stuart (2000): »Operations of writing«, Interview in: *dichtung-digital* – www.dichtung-digital.com/Interviews/Moulthrop-22-Nov-00

Münker, Stefan und Alexander Roesler (1997) (Hgg.): *Mythos Internet,* Frankfurt am Main: Suhrkamp.

Murray, Janet H. (1997): *Hamlet on the Holodeck. The Future of Narrative in Cyberspace,* New York, London, Toronto u.a.: The Free Press.

Nelson, Theodor Holm (1987): *Literary Machines,* Selbstverlag.

Net.Art. Rebellen im Internet, Themenheft von *du – Die Zeitschrift der Kultur Nr. 711* (November 2000).

netz.kunst (1999): Jahrbuch 98/99, hg. v. Institut für moderne Kunst Nürnberg in Zusammenarbeit mit Verena Kuni, Verlag für modernen Kunst Nürnberg.

Nielsen, Jakob (1996): *Multimedia, Hypertext und Internet. Grundlagen und Praxis des elektronischen Publizierens* (Übersetzung Karin Lagrange und Marc Linster), Braunschweig/Wiesbaden: Vieweg (Multimedia and Hypertext: The Internet and Beyond, Academic Press 1995).

ntv online (2001): »Hohe Wachstumsraten im Online-Buchhandel«, 17. Oktober – www.n-tv.de/2775828.html

Nyce, James N. und Paul Kahn (1991) (Hgg.): *Vannevar Bush and the Mind's Machine,* Boston: Academic Press.

Olson, Peter (1999): »Das Internet ist ein Förderer des Buches, Interview mit Bertelsmann-Buchvorstand Peter Olson« in: *Die Welt,* 18. Dezember.

Ortmann, Sabrina (2000): »Literatur im Netz: Engagiert und idealistisch«, in: *Gewerkschaftliche Monatshefte, Kunst und Kultur,* 7/2000, 424–431; online – www.berlinerzimmer.de/eliteratur/literaturimnetz/ortmann_3.htm

Ortmann, Sabrina (1999): »Softmoderne 99. Ein schaler Nachgeschmack«, in: *Berliner Zimmer* – www.berlinerzimmer.de/eliteratur/softmoderne.htm

Peretti, Jonah: »Culture Jamming, Memes, Social Networks, and the Emerging Media Ecology« – www.media.mit.edu/~peretti/nike

Porombka, Stephan (2001): *Hypertext. Zur Kritik eines digitalen Mythos,* München: Fink.

Porombka, Stephan; Schmundt, Hilmar und Wegmann, Thomas (o. J.): »Hypertext Berlin. Vorwort« – www.softmoderne.de/SoftMo99/hypertext_99.html

Rau, Anja (2001): »DAC 2001 Eine Konferenz-Rezension«, in: *dichtung-digital* – www.dichtung-digital.com/2001/05/19-Rau

Rau, Anja (2000): *What you click is what you get? Die Stellung von Autoren und Lesern in interaktiver digitaler Literatur,* Verlag im Internet: dissertation.de 2000.

Ricardo, Francisco (1999): »Hypertext-Conference. Costs, Advantages, and Alternatives«, Interview in: *dichtung-digital* – www.dichtung-digital.com/Simanowski/20-Okt-99

Riehm, Ulrich; Orwat, Carsten und Wingert, Bernd (2001): *Online Buchhandel in Deutschland – Die Buchhandelsbranche vor der Herausforderung des Internet* – Arbeitsbericht des Instituts für Technikfolgenabschätzung und Systemanalyse Karlsruhe.

rin/cal (2000): »King bietet Story häppchenweise zum Download an«, Reuters, 24. Juli.

Roether, Diemut (2000): »Heute schon Content downgeloadet?«, in: *Deutsches Allgemeines Sonntagsblatt*, 32/2000.

Rotermund, Hermann (2000): »Netzliteratur im literarischen Netz«, Interview in: *dichtung-digital* – www.dichtung-digital.com/ Interviews/Rotermund-26-Sep-00

Ryan, Mary-Laure (2000): »Narrative as Puzzle!?«, Interview in: *dichtung-digital* – www.dichtung.digital.de/Interviews/Ryan-29-Maerz-00

Schlobinski, Peter und Beat Suter (2001) (Hgg.): *Hypertext – Hyperfiction, Der Deutschunterricht*, Heft 2/2001.

Schröder, Dirk (1999): »Was kann die Literatur für das Internet tun?«, in: *universitas* 3/1999.

Schulte-Sasse, Jochen (1988): »Von der schriftlichen zur elektronischen Kultur: Über neuere Wechselbeziehungen zwischen Mediengeschichte und Kulturgeschichte«, in: Gumbrecht/Pfeiffer, 429–454.

Shingleton, Bob (2001): »Here come browse and mouse books«, in: *The Bookseller*, 21. September, 22–27.

Simanowski, Roberto (2002): *Interfictions. Vom Schreiben im Netz*, Frankfurt am Main: Suhrkamp.

Simanowski, Roberto (2001) (Gastredaktion): *Digitale Literatur*, Text & Kritik, Heft 152.

Simanowski, Roberto (2001a): »Poeten-Pinnwand digital. NULL – ein Netz-Projekt als Buch von Thomas Hettche und Jana Hensel«, in: *Neue Deutsche Literatur* 1/2001, 162–168. (Online-Fassung: www.dichtung-digital.com/2000/Simanowski/29-Nov)

Simanowski, Roberto (2001b): »Interactive Fiction und Software-Narration. Begriff und Bewertung digitaler Literatur«, in: Liesegang/ Schmidt-Bergmann, 117–140. (Online-Fassung: www.dichtung-digital.com/2000/Simanowski/29-Nov)

Simanowski, Roberto (2001c): »Digital Art and Culture«, in: *dichtung-digital* – www.dichtung-digital.com/2000/Simanowski/08-Aug

Simanowski, Roberto (2000d): »›McDonald's of Education‹ oder: Technologie einer konstruktivistischen Weltsicht. Hypertext im Sprach- und Literaturunterricht«, in: *dichtung-digital* – www.dichtung-digital.com/2000/Simanowski/10-Jan

Simon, Michaela (2000): »Little Shop of Horrors«, in: *Telepolis*, 21. Juli – www.telepolis.de/deutsch/inhalt/on/8417/1.html

Suter, Beat (2000): *Hyperfiktionen und interaktive Narration im frühen Entwicklungsstadium zu einem Genre,* Zürich: update Verlag.

Suter, Beat (2000a): Beitrag in Forum Netzkunst – http://iasl.uni-muenchen.de/discuss/lisforen/netzkun.htm#Suter und www.dichtung -digital.com/IASL-Forum/Suter-20-Jun-00.htm

Suter, Beat (1999): »Fluchtlinie. Zur Geschichte deutschsprachiger Hyperfictions«, in: *dichtung-digital* – www.dichtung-digital.com/Autoren/Suter/26-Nov-99

Suter, Beat und Michael Böhler (1999) (Hgg.): *Hyperfiction. Hyperliterarisches Lesebuch: Internet und Literatur,* Basel/Frankfurt am Main: Stroemfeld.

Titzmann, Michael (1990): »Theoretisch-methodologische Probleme einer Semiotik der Text-Bild-Relationen«, in: Harms (1990), 368–385.

Tuman, Myron C. (1992) (Hg.): *Literacy Online. The Promise (and Peril) of Reading and Writing with Computers,* University of Pittsburgh Press.

Weibel, Peter und Timothy Druckrey (2001) (Hgg.): *net_condition. art and global media,* MIT Press.

Wingert, Bernd (2000): »Hypertext Conference 2000. Conference Report«, in: *dichtung-digital* – www.dichtung-digital.com/2000/Wingert-22-Dez

Wingert, Bernd (1999): »‹Back to the Roots‹«. The 10th ACM Hypertext Conference Met in Darmstadt«, in: *dichtung-digital* – www.dichtung-digital.com/Autoren/Wingert/14-Dez-99

Yates, Frances A. (1990): *Gedächtnis und Erinnern,* Weinheim: Acta humanoira.

Zeitchik, Steven; Reid, Calvin; Nawotka, Ed (2001): »Screen Time?« – Vortrag für die Frankfurt Big Questions Conference, 8. Oktober.

Zimmer, Dieter E. (2000): »Hypertext oder Absage ans Lineare«, in: ders.: *Die Bibliothek der Zukunft. Text und Schrift in den Zeiten des Internet,* Hamburg: Hoffmann und Campe.

Autoren

Christine Böhler ist Wissenschaftlerin und freie Publizistin, insbesondere für neue (und alte) Medien. Sie beschäftigt sich seit Anfang der neunziger Jahre mit Literatur und Kunst im digitalen Raum. Vorträge, Lehraufträge, Konzeption und Organisation mehrerer internationaler Festivals zum Thema. Nach Arbeitsaufenthalten in New York und Madrid hat sie von 1991 bis 1998 den Veranstaltungsbereich im Literaturhaus in Wien aufgebaut und geleitet. Seit 1996 besteht das Projekt Lichtzeile – eine Leuchtschrift als literarische Veröffentlichungsform, real im Wiener Stadtraum und im www unter *www.lichtzeile.at*. 2001 erschien ihr Buch *Literatur im Netz. Projekte, Hintergründe, Strukturen und Verlage im Internet* (Triton Verlag, 2001), auf dem der hier veröffentlichte Text teilweise beruht. Christine Böhler lebt und arbeitet in Wien.

Jürgen Daiber studierte Germanistik/Philosophie/Linguistische Datenverarbeitung an den Universitäten Heidelberg und Trier. Er habilitierte sich in der Neueren deutschen Literaturwissenschaft (*»Experimentalphysik des Geistes« – Novalis und das romantische Experiment*) und vertritt momentan eine C-4-Professur an der Universität Trier. 1998 Gewinner des Internet-Literaturpreises Pegasus98 (*Der Trost der Bilder*). Seit diesem Zeitpunkt auch auf theoretischer Ebene mit der Schnittstelle Literatur und Computer befasst. Der Autor zieht niemals den Stecker aus dem Computer, wie schlimm es auch kommen mag.

Diemut Roether ist als Seminarleiterin der Evangelischen Medienakademie zuständig für Online-Fortbildungen. Zuvor arbeitete sie acht Jahre als Nachrichtenredakteurin bei der Tagesschau, zuletzt bei der Tagesschau im Internet. Die Frage, wie das elektronische Publizieren die Verlagswelt verändert, hat sie als freie Autorin seit einigen Jahren immer wieder beschäftigt. Auf eine einsame Insel würde sie lieber fünfzig Bücher mitnehmen als ein E-Book.

Roberto Simanowski studierte deutsche Literatur und Geschichte (Promotion zur Massenkultur um 1800) und arbeitete an der Universität Göttingen zum Nationalismus in der Literatur sowie zum literarischen Salon (Mhg. *Kulturelle Grenzziehungen im Spiegel der Literatu-*

ren und *Europa – ein Salon?*). Seit einem Forschungsaufenthalt an der Harvard University (1998–2000, dort auch Gründung des online-Journals *dichtung-digital*) Beschäftigung mit digitaler Literatur und Kunst (*Text & Kritik*, Heft 152: *Digitale Literatur*; Sommersemester 2002 Vertretungsdozentur für Kulturtheorien digitaler Medien an der Universität Jena). Im Sommer 2002 erscheint sein Buch *Interfictions. Vom Schreiben im Netz* in der Edition Suhrkamp. Roberto Simanowski liest keine Belletristik am Bildschirm, die man auch als Buch haben kann.